AF294965

Peter Schneider

Einbürgerungstest 2024 Kompakt: Alle Fragen Alle Antworten Jetzt alle 310 Fragen

Bibliografische Information der Deutschen Nationalbibliothek
Die Deutsche Nationalbibliothek verzeichnet diese Publikation in der
Deutschen Nationalbibliografie, detaillierte bibliografische Daten
sind im Internet über http://dnb.d-nb.de abrufbar

1. Auflage Juli 2024

Haftungsausschluss
Alle Angaben in diesem Buch wurden sorgfältig recherchiert, sie erheben aber keinen Anspruch auf Vollständigkeit oder frei von Fehlern zu sein. Insbesondere können weder Autor noch Herausgeber oder Verlag eine Haftung für Schäden oder Verluste übernehmen, die dem Leser dadurch entstehen könnten, dass er ausschließlich auf eine Information vertraut, die er diesem Buch entnimmt.

Herstellung und Verlag: BoD – Books on Demand, Norderstedt
ISBN: 9783759737151

Hinweis:

Die richtigen Lösungen zu den Antworten auf die Fragen
zum Einbürgerungstest in Deutschland sind in diesem Buch
mit einem ☒ gekennzeichnet.

Der Einbürgerungstest in Deutschland.

Die Geschichte des Einbürgerungstests in Deutschland reicht bis in die 1990er Jahre zurück, als sich das Land mit der Integration von Einwanderern und Flüchtlingen auseinandersetzen musste.
Zu dieser Zeit gab es eine Debatte über die Notwendigkeit, den Einwanderern und Flüchtlingen die Kenntnis der deutschen Sprache und Kultur zu vermitteln, um ihre Integration zu fördern.

Im Jahr 1998 wurde vom Bundesamt für Migration und Flüchtlinge (BAMF) ein Integrationskurs eingeführt, der die deutsche Sprache und Kultur vermittelte und auf die Einbürgerung vorbereitete. Dieser Kurs bestand aus einem Sprachkurs und einem Orientierungskurs, in dem die Teilnehmerinnen und Teilnehmer Kenntnisse über das Leben in Deutschland erwerben konnten.

Im Jahr 2005 beschloss die Bundesregierung, einen verpflichtenden Einbürgerungstest einzuführen, um sicherzustellen, dass die Einbürgerungskandidaten über ausreichende Kenntnisse der deutschen Sprache und Kultur verfügen. Der Test wurde als Teil des Integrationskurses entwickelt und sollte aus 100 Fragen bestehen.

Nach einer öffentlichen Debatte wurde beschlossen, den Test auf 33 Fragen zu reduzieren und ihn auf die Bereiche Geschichte, Politik, Kultur und Recht in Deutschland zu konzentrieren. Der Test wurde im Jahr 2008 eingeführt und ist seitdem ein wichtiger Bestandteil des Einbürgerungsprozesses in Deutschland.

Seit seiner Einführung hat der Einbürgerungstest kontinuierlich Änderungen erfahren, um sicherzustellen, dass er den aktuellen Anforderungen entspricht. Im Jahr 2019 wurde der Test um Fragen zur Gleichstellung von Mann und Frau und zum Klimaschutz erweitert.

Der Einbürgerungstest in Deutschland ist seit seiner Einführung umstritten. Kritiker bemängeln, dass der Test zu stark auf Faktenwissen ausgerichtet ist und nicht ausreichend die praktischen Fähigkeiten der Einbürgerungskandidaten berücksichtigt.

Dennoch wird der Test allgemein als ein wichtiger Schritt zur Förderung der Integration und Kenntnis der deutschen Sprache und Kultur angesehen.

Der Einbürgerungstest in Deutschland ist ein Multiple-Choice-Test mit 33 Fragen, der das Wissen der Einbürgerungskandidaten über die deutsche Geschichte, Kultur, Politik und Rechtssystem testet. Der Test wird in der Regel direkt nach dem Orientierungskurs des Integrationskurses abgelegt.

Der Test allein genügt zur Integration nach Auffassung des Autors allerdings nicht. Fragen zu lesen und die richtigen Antworten zu lernen führen nicht zu einem echten Verständnis. Deshalb beinhaltet dieses Buch nicht nur weiterführende Informationen zu jeder einzelnen Testfrage, sondern auch einen Einführungsteil, in dem die Bundesrepublik Deutschland vorgestellt wird in den Bereichen Politik, Gesellschaft, Wirtschaft, Geographie, Geschichte, Landwirtschaft, Tourismus, Kultur, Religion, Gesundheits- und Rechtssystem, Bildung, Integration, Infrastruktur und Umweltschutz.

Damit hat der Integrationswillige hier die Möglichkeit nicht nur „stur" Fragen und Antworten zu „büffeln", sondern sich tatsächlich umfangreich über das Land zu informieren, in dem er künftig gut integriert leben möchte: der Bundesrepublik Deutschland.

Mit dem neuen Einbürgerungsgesetz 2024 soll die Einbürgerung schon nach 5 Jahren oder mit besonderen Integrationsleistungen nach 3 Jahren beantragt werden können.

Staatsangehörigkeitsgesetz (StAG)

Ausfertigungsdatum: 22.07.1913 Vollzitat:
„Staatsangehörigkeitsgesetz in der im Bundesgesetzblatt Teil III, Gliederungsnummer 102-1, veröffentlichten bereinigten Fassung, das zuletzt durch Artikel 2 des Gesetzes vom 22. März 2024 (BGBl. 2024 I Nr. 104) geändert worden ist"

Stand: Zuletzt geändert durch Art. 2 G v. 22.3.2024 I Nr. 104

Fußnote

(+++ Textnachweis Geltung ab: 1.1.1980 +++)

Überschrift: Bezeichnung idF d. u. Buchstabenabkürzung eingef. durch Art. 1 Nr. 1 G v. 15.7.1999 I 1618 mWv 1.1.2000
§ 1
Deutscher im Sinne dieses Gesetzes ist, wer die deutsche Staatsangehörigkeit besitzt.

§ 2
(weggefallen)

§ 3
(1)   Die deutsche Staatsangehörigkeit wird erworben
1.   durch Geburt (§ 4),
2.   durch Erklärung (§ 5),
3.   durch Annahme als Kind (§ 6),
4.   durch Ausstellung der Bescheinigung nach § 15 Absatz 1 oder 2 des Bundesvertriebenengesetzes (§ 7),
5.   durch Einbürgerung (§§ 8 bis 16 und 40a).

(2)   Die Staatsangehörigkeit erwirbt auch, wer seit zwölf Jahren von deutschen Stellen als deutscher Staatsangehöriger behandelt worden ist und dies nicht zu vertreten hat. Als deutscher Staatsangehöriger wird insbesondere behandelt, wem ein Staats-

angehörigkeitsausweis, Reisepass oder Personalausweis ausgestellt wurde. Der Erwerb der Staatsangehörigkeit wirkt auf den Zeitpunkt zurück, zu dem bei Behandlung als Staatsangehöriger der Erwerb der Staatsangehörigkeit angenommen wurde. Er erstreckt sich auf Abkömmlinge, die seither ihre Staatsangehörigkeit von dem nach Satz 1 Begünstigten ableiten.

§ 4

(1)   Durch die Geburt erwirbt ein Kind die deutsche Staatsangehörigkeit, wenn ein Elternteil die deutsche Staatsangehörigkeit besitzt. Ist bei der Geburt des Kindes nur der Vater deutscher Staatsangehöriger und ist zur Begründung der Abstammung nach den deutschen Gesetzen die Anerkennung oder Feststellung der Vaterschaft erforderlich, so bedarf es zur Geltendmachung des Erwerbs einer nach den deutschen Gesetzen
wirksamen Anerkennung oder Feststellung der Vaterschaft; die Anerkennungserklärung muß abgegeben oder das Feststellungsverfahren muß eingeleitet sein, bevor das Kind das 23. Lebensjahr vollendet hat.

(2)   Ein Kind, das im Inland aufgefunden wird (Findelkind), gilt bis zum Beweis des Gegenteils als Kind eines Deutschen. Satz 1 ist auf ein vertraulich geborenes Kind nach § 25 Absatz 1 des Schwangerschaftskonfliktgesetzes entsprechend anzuwenden.

(3)   Durch die Geburt im Inland erwirbt ein Kind ausländischer Eltern die deutsche Staatsangehörigkeit, wenn ein Elternteil

1.   seit fünf Jahren rechtmäßig seinen gewöhnlichen Aufenthalt im Inland hat und

2.   ein unbefristetes Aufenthaltsrecht oder als Staatsangehöriger der Schweiz oder dessen Familienangehöriger eine Aufenthaltserlaubnis auf Grund des Abkommens vom 21. Juni 1999 zwischen der Europäischen Gemeinschaft und ihren Mitgliedstaaten einerseits und der Schweizerischen Eidgenossenschaft andererseits über die Freizügigkeit (BGBl. 2001 II S. 810) besitzt.
Der Erwerb der deutschen Staatsangehörigkeit wird in dem Geburtenregister, in dem die Geburt des Kindes beurkundet ist, eingetragen. Das Bundesministerium des Innern, für Bau und Heimat wird ermächtigt, mit Zustimmung des Bundesrates durch Rechtsverordnung Vorschriften über das Verfahren zur Eintragung

des Erwerbs der Staatsangehörigkeit nach Satz 1 zu erlassen.

(4)   Die deutsche Staatsangehörigkeit wird nicht nach Absatz 1 erworben bei Geburt im Ausland, wenn der deutsche Elternteil nach dem 31. Dezember 1999 im Ausland geboren wurde und dort seinen gewöhnlichen Aufenthalt hat, es sei denn, das Kind würde sonst staatenlos. Die Rechtsfolge nach Satz 1 tritt nicht ein, wenn innerhalb eines Jahres nach der Geburt des Kindes ein Antrag nach § 36 des Personenstandsgesetzes auf Beurkundung der Geburt im Geburtenregister gestellt wird; zur Fristwahrung genügt es auch, wenn der Antrag in dieser Frist bei der zuständigen Auslandsvertretung eingeht. Sind beide Elternteile deutsche Staatsangehörige, so tritt die Rechtsfolge des Satzes 1 nur ein, wenn beide die dort genannten Voraussetzungen erfüllen. Für den Anspruch nach Artikel 116 Absatz 2 des Grundgesetzes und nach § 15 ist die Rechtsfolge nach Satz 1 unbeachtlich.

(5)   Absatz 4 Satz 1 gilt nicht

1.   für Abkömmlinge eines deutschen Staatsangehörigen, der die deutsche Staatsangehörigkeit nach Artikel 116 Absatz 2 des Grundgesetzes oder nach § 15 erworben hat, und

2.   für Abkömmlinge eines deutschen Staatsangehörigen, wenn dieser ohne den Erwerb der deutschen Staatsangehörigkeit einen Anspruch nach Artikel 116 Absatz 2 des Grundgesetzes oder nach § 15 gehabt hätte.

§ 5

(1)   Durch die Erklärung, deutsche Staatsangehörige werden zu wollen, erwerben die nach dem Inkrafttreten des Grundgesetzes geborenen

1.   Kinder eines deutschen Elternteils, die durch Geburt nicht die deutsche Staatsangehörigkeit erworben haben,

2.   Kinder einer Mutter, die vor der Kindesgeburt durch Eheschließung mit einem Ausländer die deutsche Staatsangehörigkeit verloren hat,

3.   Kinder, die ihre durch Geburt erworbene deutsche Staatsangehörigkeit durch eine von einem Ausländer bewirkte und nach den deutschen Gesetzen wirksame Legitimation verloren haben, und

4.   Abkömmlinge der Kinder nach Nummer 1 bis 3

die deutsche Staatsangehörigkeit, wenn sie handlungsfähig nach § 34 Satz 1 oder gesetzlich vertreten sind, es sei denn, dass sie wegen einer oder mehrerer vorsätzlicher Straftaten rechtskräftig zu einer Freiheits- oder

Jugendstrafe von zwei Jahren oder mehr verurteilt worden sind oder bei der letzten rechtskräftigen Verurteilung Sicherungsverwahrung angeordnet worden ist oder ein Ausschlussgrund nach § 11 vorliegt. § 4 Absatz 1 Satz 2,

§ 12a Absatz 2 bis 4, § 33 Absatz 5 und § 37 gelten entsprechend. Das Erklärungsrecht nach Satz 1 besteht auch, wenn unter denselben Voraussetzungen die Rechtsstellung nach Artikel 116 Absatz 1 des Grundgesetzes nicht erworben worden oder verloren gegangen ist.

(2)   Erklärungsberechtigt nach Absatz 1 ist nicht, wer die deutsche Staatsangehörigkeit

1.   nach seiner Geburt oder nach deren Verlust auf Grund einer nach den deutschen Gesetzen wirksamen Legitimation durch einen Ausländer besessen, aber wieder aufgegeben oder verloren oder ausgeschlagen hat oder nach deren Aufgabe, Verlust oder Ausschlagung als dessen Abkömmling geboren oder als Kind angenommen worden ist, oder

2.   nach § 4 Absatz 4 Satz 2 in Verbindung mit Absatz 1 erwerben konnte, aber nicht erworben hat oder noch erwerben kann.

(3)   Das Erklärungsrecht nach Absatz 1 kann nur innerhalb von zehn Jahren nach Inkrafttreten dieses Gesetzes ausgeübt werden.

(4)   Über den Erwerb der deutschen Staatsangehörigkeit durch Erklärung wird eine Urkunde ausgestellt.

§ 6

Mit der nach den deutschen Gesetzen wirksamen Annahme als Kind durch einen Deutschen erwirbt das Kind, das im Zeitpunkt des Annahmeantrags das achtzehnte Lebensjahr noch nicht vollendet hat, die deutsche Staatsangehörigkeit. Der Erwerb der deutschen Staatsangehörigkeit erstreckt sich auf die Abkömmlinge des Kindes. Beruht die Annahme als Kind auf einer ausländischen Entscheidung, setzt der Erwerb der deutschen Staatsangehörigkeit voraus, dass das Eltern-Kind-Verhältnis des Kindes zu seinen bisherigen Eltern durch die Annahme erloschen ist und das Annahmeverhältnis einem nach den deutschen Sachvorschriften begründeten Annahmeverhältnis gleichsteht. Liegen die Voraussetzungen des Satzes 3 nicht vor und wird eine Umwandlung des Annahmeverhältnisses nach § 3 des Adoptionswirkungsgesetzes ausgesprochen, gilt Satz 1 entsprechend.

§ 7

Spätaussiedler und die in den Aufnahmebescheid einbezogenen Familienangehörigen erwerben mit der Ausstellung der Bescheinigung nach § 15 Abs. 1 oder Abs. 2 des Bundesvertriebenengesetzes die deutsche Staatsangehörigkeit.

§ 8

(1)   Ein Ausländer, der rechtmäßig seinen gewöhnlichen Aufenthalt im Inland hat, kann auf seinen Antrag eingebürgert werden, wenn seine Identität und Staatsangehörigkeit geklärt sind und er

1.   handlungsfähig nach § 34 Satz 1 oder gesetzlich vertreten ist,

2.   weder wegen einer rechtswidrigen Tat zu einer Strafe verurteilt noch gegen ihn auf Grund seiner Schuldunfähigkeit eine Maßregel der Besserung und Sicherung angeordnet worden ist,

3.   eine eigene Wohnung oder ein Unterkommen gefunden hat und

4.   sich und seine Angehörigen zu ernähren imstande ist.

(2)   Von den Voraussetzungen des Absatzes 1 Nummer 2 und 4 kann aus Gründen des öffentlichen Interesses oder zur Vermeidung einer besonderen Härte abgesehen werden.

§ 9

(1)   Ehegatten oder eingetragene Lebenspartner Deutscher sollen unter den Voraussetzungen des § 10 Absatz 1 eingebürgert werden, wenn sie seit drei Jahren ihren rechtmäßigen gewöhnlichen Aufenthalt im Inland haben und die Ehe oder eingetragene Lebenspartnerschaft seit zwei Jahren besteht. Die Aufenthaltsdauer

nach Satz 1 kann aus Gründen des öffentlichen Interesses verkürzt werden, wenn die Ehe oder eingetragene Lebenspartnerschaft seit drei Jahren besteht. Minderjährige Kinder von Ehegatten oder eingetragenen Lebenspartnern Deutscher können unter den Voraussetzungen des § 10 Absatz 1 mit eingebürgert werden, auch wenn sie sich noch nicht seit drei Jahren rechtmäßig im Inland aufhalten. § 10 Absatz 4, 4a, 5 und 6 gilt entsprechend.

(2)   Die Regelung des Absatzes 1 gilt auch, wenn die Einbürgerung bis zum Ablauf eines Jahres nach dem Tod des deutschen Ehegatten oder eingetragenen Lebenspartners oder nach der Rechtskraft des die Ehe oder eingetragene Lebenspartnerschaft beendenden Beschlusses beantragt wird und der Antragsteller als sorgeberechtigter Elternteil mit einem minderjährigen Kind aus der Ehe oder eingetragenen Lebenspartnerschaft in einer familiären Gemeinschaft lebt, das bereits die deutsche Staatsangehörigkeit besitzt.

§ 10

(1)   Ein Ausländer, der seit fünf Jahren rechtmäßig seinen gewöhnlichen Aufenthalt im Inland hat und handlungsfähig nach § 34 Satz 1 oder gesetzlich vertreten ist, ist auf Antrag einzubürgern, wenn seine Identität und Staatsangehörigkeit geklärt sind und er

1.   sich zur freiheitlichen demokratischen Grundordnung des Grundgesetzes für die Bundesrepublik Deutschland bekennt und erklärt, dass er keine Bestrebungen verfolgt oder unterstützt oder verfolgt oder unterstützt hat, die

a)   gegen die freiheitliche demokratische Grundordnung, den Bestand oder die Sicherheit des Bundes oder eines Landes gerichtet sind oder

b)   eine ungesetzliche Beeinträchtigung der Amtsführung der Verfassungsorgane des Bundes oder eines Landes oder ihrer Mitglieder zum Ziele haben oder

c)   durch Anwendung von Gewalt oder darauf gerichtete Vorbereitungshandlungen auswärtige Belange der Bundesrepublik Deutschland gefährden,

oder glaubhaft macht, dass er sich von der früheren Verfolgung oder Unterstützung derartiger Bestrebungen abgewandt hat,

1a.   sich zur besonderen historischen Verantwortung Deutschlands für die nationalsozialistische Unrechtsherrschaft und ihre Folgen, insbesondere für den Schutz jüdischen Lebens, sowie zum friedlichen Zusammenleben der Völker und dem Verbot der Führung eines Angriffskrieges bekennt,

2.   ein unbefristetes Aufenthaltsrecht oder als Staatsangehöriger der Schweiz oder dessen Familienangehöriger eine Aufenthaltserlaubnis auf Grund des Abkommens vom 21. Juni 1999 zwischen der Europäischen Gemeinschaft und ihren Mitgliedstaaten einerseits und der Schweizerischen Eidgenossenschaft andererseits über die Freizügigkeit, eine Blaue Karte EU oder einen Aufenthaltstitel für andere als die in den §§ 16a, 16b, 16d, 16e, 16f, 17, 18f, 19, 19b, 19e, 20, 22, 23a, 24, 25 Absatz 3 bis 5 und § 104c des Aufenthaltsgesetzes aufgeführten Aufenthaltszwecke besitzt,

3.   den Lebensunterhalt für sich und seine unterhaltsberechtigten Familienangehörigen ohne Inanspruchnahme von Leistungen nach dem Zweiten oder Zwölften Buch Sozialgesetzbuch bestreiten kann; von dieser Voraussetzung wird abgesehen, wenn der Ausländer

a)   auf Grund eines Abkommens zur Anwerbung und Vermittlung von Arbeitskräften bis zum 30. Juni 1974 in das Gebiet der Bundesrepublik Deutschland nach dem Stand vom 2. Oktober 1990 oder als Vertragsarbeitnehmer bis zum 13. Juni 1990 in das in Artikel 3 des Einigungsvertrages
genannte Gebiet eingereist oder als dessen Ehegatte im zeitlichen Zusammenhang nachgezogen ist und die Inanspruchnahme von Leistungen nach dem Zweiten oder Zwölften Buch Sozialgesetzbuch nicht zu vertreten hat,

b)   in Vollzeit erwerbstätig ist und dies innerhalb der letzten 24 Monate mindestens 20 Monate war oder

c)   als Ehegatte oder eingetragener Lebenspartner mit einer nach Maßgabe von Buchstabe b erwerbstätigen Person und einem minderjährigen Kind in familiärer Gemeinschaft lebt,

4.   (weggefallen)

5.   weder wegen einer rechtswidrigen Tat zu einer Strafe verurteilt noch gegen ihn auf Grund seiner Schuldunfähigkeit eine Maßregel der Besserung und Sicherung angeordnet worden ist,

6.   über ausreichende Kenntnisse der deutschen Sprache

verfügt und

7.   über Kenntnisse der Rechts- und Gesellschaftsordnung und der Lebensverhältnisse in Deutschland verfügt.

Die Voraussetzungen nach Satz 1 Nummer 1 und 7 muss ein Ausländer nicht erfüllen, der nicht handlungsfähig nach § 34 Satz 1 ist. Antisemitisch, rassistisch oder sonstige menschenverachtend motivierte Handlungen sind mit der Menschenwürdegarantie des Grundgesetzes für die Bundesrepublik Deutschland unvereinbar und verstoßen gegen die freiheitliche demokratische Grundordnung im Sinne dieses Gesetzes.

(2)   Der Ehegatte oder eingetragene Lebenspartner und die minderjährigen Kinder des Ausländers können nach Maßgabe des Absatzes 1 mit eingebürgert werden, auch wenn sie sich noch nicht seit fünf Jahren rechtmäßig im Inland aufhalten.

(3)   Die Aufenthaltsdauer nach Absatz 1 Satz 1 kann auf bis zu drei Jahre verkürzt werden, wenn der Ausländer

1.   besondere Integrationsleistungen, insbesondere besonders gute schulische, berufsqualifizierende oder berufliche Leistungen oder bürgerschaftliches Engagement nachweist,

2.   die Voraussetzung des § 8 Absatz 1 Nummer 4 erfüllt und

3.   die Anforderungen einer Sprachprüfung der Stufe C1 des Gemeinsamen Europäischen Referenzrahmens für Sprachen erfüllt.

(3a) (weggefallen)

(4)   Die Voraussetzungen des Absatzes 1 Satz 1 Nr. 6 liegen vor, wenn der Ausländer die Anforderungen einer Sprachprüfung der Stufe B 1 des Gemeinsamen Europäischen Referenzrahmens für Sprachen erfüllt. Bei einem minderjährigen Kind, das im Zeitpunkt der Einbürgerung das 16. Lebensjahr noch nicht vollendet hat, sind die Voraussetzungen des Absatzes 1 Satz 1 Nr. 6 bei einer altersgemäßen Sprachentwicklung erfüllt. Für einen Ausländer, der auf Grund eines Abkommens zur Anwerbung und Vermittlung von Arbeitskräften bis zum

30. Juni 1974 in das Gebiet der Bundesrepublik Deutschland nach dem Stand vom 2. Oktober 1990 oder als Vertragsarbeitnehmer bis zum 13. Juni 1990 in das in Artikel 3 des Einigungsvertrages genannte Gebiet eingereist oder als dessen Ehegatte im zeitlichen

Zusammenhang nachgezogen ist, ist es zur Erfüllung der Voraussetzungen nach Absatz 1 Satz 1 Nummer 6 ausreichend, wenn er sich ohne nennenswerte Probleme im Alltagsleben in deutscher Sprache mündlich verständigen kann.

(4a) Zur Vermeidung einer Härte kann die Voraussetzung des Absatzes 1 Satz 1 Nummer 6 darauf beschränkt werden, dass sich der Ausländer ohne nennenswerte Probleme im Alltagsleben in deutscher Sprache mündlich verständigen kann, wenn er nachweist, dass ihm der Erwerb ausreichender Kenntnisse der deutschen Sprache nach Absatz 4 Satz 1 trotz ernsthafter und nachhaltiger Bemühungen nicht möglich ist oder dauerhaft wesentlich erschwert ist.

(5)   Die Voraussetzungen des Absatzes 1 Satz 1 Nr. 7 sind in der Regel durch einen erfolgreichen Einbürgerungstest nachgewiesen. Zur Vorbereitung darauf werden Einbürgerungskurse angeboten; die Teilnahme daran ist nicht verpflichtend.

(6)   Von den Voraussetzungen des Absatzes 1 Satz 1 Nr. 6 und 7 wird abgesehen, wenn der Ausländer sie wegen einer körperlichen, geistigen oder seelischen Krankheit oder Behinderung oder altersbedingt nicht erfüllen kann. Von der Voraussetzung des Absatzes 1 Satz 1 Nummer 7 wird ferner in den Fällen des Absatzes 4 Satz 3 und des Absatzes 4a abgesehen.

(7)   Das Bundesministerium des Innern, für Bau und Heimat wird ermächtigt, die Prüfungs- und Nachweismodalitäten des Einbürgerungstests sowie die Grundstruktur und die Lerninhalte des Einbürgerungskurses nach Absatz 5 auf der Basis der Themen des Orientierungskurses nach § 43 Abs. 3 Satz 1 des Aufenthaltsgesetzes durch Rechtsverordnung, die nicht der Zustimmung des Bundesrates bedarf, zu regeln.

Fußnote

(+++ § 10 Abs. 1: Zur Anwendung vgl. § 40a +++)

§ 11

Die Einbürgerung ist ausgeschlossen, wenn

1.   tatsächliche Anhaltspunkte die Annahme rechtfertigen, dass der Ausländer Bestrebungen verfolgt oder unterstützt oder verfolgt oder unterstützt hat, die gegen die freiheitliche demokratische Grundordnung, den Bestand oder die Sicherheit des Bundes

oder eines Landes gerichtet sind oder eine ungesetzliche Beeinträchtigung der Amtsführung der Verfassungsorgane des Bundes oder eines Landes oder
ihrer Mitglieder zum Ziele haben oder die durch die Anwendung von Gewalt oder darauf gerichtete Vorbereitungshandlungen auswärtige Belange der Bundesrepublik Deutschland gefährden, es sei denn, der Ausländer macht glaubhaft, dass er sich von der früheren Verfolgung oder Unterstützung derartiger Bestrebungen abgewandt hat,
1a.		tatsächliche Anhaltspunkte die Annahme rechtfertigen, dass das Bekenntnis, das der Ausländer nach § 10 Absatz 1 Satz 1 Nummer 1 oder nach Nummer 1a abgegeben hat, inhaltlich unrichtig ist,
2.		nach § 54 Absatz 1 Nummer 2 oder 4 des Aufenthaltsgesetzes ein besonders schwerwiegendes Ausweisungsinteresse vorliegt oder
3.		der Ausländer
a)		gleichzeitig mit mehreren Ehegatten verheiratet ist oder
 b)		durch sein Verhalten zeigt, dass er die im Grundgesetz festgelegte Gleichberechtigung von Mann und Frau missachtet.
Satz 1 Nr. 2 gilt entsprechend für Ausländer im Sinne des § 1 Abs. 2 des Aufenthaltsgesetzes und auch für Staatsangehörige der Schweiz und deren Familienangehörige, die eine Aufenthaltserlaubnis auf Grund des Abkommens vom 21. Juni 1999 zwischen der Europäischen Gemeinschaft und ihren Mitgliedstaaten einerseits und der Schweizerischen Eidgenossenschaft andererseits über die Freizügigkeit besitzen.

§ 12 (weggefallen)

§ 12a
(1)		Bei der Einbürgerung bleiben außer Betracht:
1.		die Verhängung von Erziehungsmaßregeln oder Zuchtmitteln nach dem Jugendgerichtsgesetz,
2.		Verurteilungen zu Geldstrafe bis zu 90 Tagessätzen und
3.		Verurteilungen zu Freiheitsstrafe bis zu drei Monaten, die zur Bewährung ausgesetzt und nach Ablauf der Bewährungszeit erlassen worden ist.

Satz 1 findet keine Anwendung, wenn der Ausländer wegen einer rechtswidrigen antisemitischen, rassistischen oder sonstigen menschenverachtenden Tat im Sinne von § 46 Absatz 2 Satz 2 des Strafgesetzbuches zu einer Freiheits-, Geld- oder Jugendstrafe verurteilt und ein solcher Beweggrund im Rahmen des Urteils festgestellt worden ist. Bei mehreren Verurteilungen zu Geld- oder Freiheitsstrafen im Sinne des Satzes 1 Nr. 2 und 3

sind diese zusammenzuzählen, es sei denn, es wird eine niedrigere Gesamtstrafe gebildet; treffen Geld- und Freiheitsstrafe zusammen, entspricht ein Tagessatz einem Tag Freiheitsstrafe. Übersteigt die Strafe oder die Summe der Strafen geringfügig den Rahmen nach den Sätzen 1 und 3, so wird im Einzelfall entschieden, ob diese außer Betracht bleiben kann. Ist eine Maßregel der Besserung und Sicherung nach § 61 Nr. 5 oder 6 des Strafgesetzbuches angeordnet worden, so wird im Einzelfall entschieden, ob die Maßregel der Besserung und Sicherung außer Betracht bleiben kann.

(2)   Ausländische Verurteilungen zu Strafen sind zu berücksichtigen, wenn die Tat im Inland als strafbar anzusehen ist, die Verurteilung in einem rechtsstaatlichen Verfahren ausgesprochen worden ist und das Strafmaß verhältnismäßig ist. Eine solche Verurteilung kann nicht mehr berücksichtigt werden, wenn sie nach dem Bundeszentralregistergesetz zu tilgen wäre. Absatz 1 gilt entsprechend.

(3)   Wird gegen einen Ausländer, der die Einbürgerung beantragt hat, wegen des Verdachts einer Straftat ermittelt, ist die Entscheidung über die Einbürgerung bis zum Abschluss des Verfahrens, im Falle der Verurteilung bis zum Eintritt der Rechtskraft des Urteils auszusetzen. Das Gleiche gilt, wenn die Verhängung der Jugendstrafe nach § 27 des Jugendgerichtsgesetzes ausgesetzt ist.

(4)   Im Ausland erfolgte Verurteilungen und im Ausland anhängige Ermittlungs- und Strafverfahren sind im Einbürgerungsantrag aufzuführen.

§ 12b

(1)   Der gewöhnliche Aufenthalt im Inland wird durch Aufenthalte bis zu sechs Monaten im Ausland nicht unterbrochen. Bei längeren Auslandsaufenthalten besteht er fort, wenn der Ausländer innerhalb der von der Ausländerbehörde bestimmten Frist wieder

eingereist ist. Gleiches gilt, wenn die Frist lediglich wegen Erfüllung der gesetzlichen Wehrpflicht im Herkunftsstaat überschritten wird und der Ausländer innerhalb von drei Monaten nach der Entlassung aus dem Wehr- oder Ersatzdienst wieder einreist. Anstelle von Satz 1 bis 3 gilt für Staatsangehörige eines anderen Mitgliedstaates der Europäischen Union, für Staatsangehörige der EWR-Staaten, für ihre jeweiligen Familienangehörigen und für die ihnen jeweils nahestehenden Personen mit einem Aufenthaltsrecht nach § 3a des Freizügigkeitsgesetzes/EU sowie für Personen, die ein unionsrechtliches Aufenthaltsrecht nach § 12a des Freizügigkeitsgesetzes/EU besitzen, und Personen mit einem in § 16 des Freizügigkeitsgesetzes/EU bezeichneten Aufenthaltsrecht, § 4a Absatz 6 des Freizügigkeitsgesetzes/EU entsprechend. Der gewöhnliche Aufenthalt im Inland besteht abweichend von den Sätzen 1 bis 4 in der Regel nicht mehr fort, wenn die Auslandsaufenthalte die Hälfte der Aufenthaltsdauer, die im Fall des § 4 Absatz 3 Satz 1 Nummer 1 oder für eine Einbürgerung jeweils erforderlich ist, überschreiten.

(2)   Hat der Ausländer sich länger als sechs Monate im Ausland aufgehalten und liegt keine der Voraussetzungen des Absatzes 1 Satz 2 bis 4 vor, kann die frühere Aufenthaltszeit im Inland bis zu drei Jahren auf die für die Einbürgerung erforderliche Aufenthaltsdauer angerechnet werden. Dies gilt entsprechend im Fall des Absatzes 1 Satz 5.

(3)   Unterbrechungen der Rechtmäßigkeit des Aufenthalts bleiben außer Betracht, wenn sie darauf beruhen, dass der Ausländer nicht rechtzeitig die erstmals erforderliche Erteilung oder die Verlängerung des Aufenthaltstitels beantragt hat. Für Unterbrechungen der Rechtmäßigkeit des Aufenthalts aus anderen Gründen gilt Absatz 2 entsprechend.

§ 13

Ein ehemaliger Deutscher und seine minderjährigen Kinder, die ihren gewöhnlichen Aufenthalt im Ausland haben, können auf Antrag eingebürgert werden, wenn ihre Identität und Staatsangehörigkeit geklärt sind und sie die Voraussetzungen des § 8 Absatz 1 Nummer 1 und 2 erfüllen.

§ 14

Ein Ausländer, der seinen gewöhnlichen Aufenthalt im Ausland hat, kann unter den Voraussetzungen des § 8 eingebürgert werden, wenn Bindungen an Deutschland bestehen, die eine Einbürgerung rechtfertigen. Ist der Ausländer Ehegatte oder eingetragener Lebenspartner eines Deutschen, kann er nach Satz 1 auch eingebürgert werden, wenn der Auslandsaufenthalt eines der Ehegatten oder eingetragenen Lebenspartner im öffentlichen Interesse liegt.

§ 15

Personen, die im Zusammenhang mit Verfolgungsmaßnahmen aus den in Artikel 116 Absatz 2 Satz 1 des Grundgesetzes aufgeführten Gründen in der Zeit vom 30. Januar 1933 bis zum 8. Mai 1945

1.   die deutsche Staatsangehörigkeit vor dem 26. Februar 1955 aufgegeben oder verloren haben,

2.   von einem gesetzlichen Erwerb der deutschen Staatsangehörigkeit durch Eheschließung, Legitimation oder Sammeleinbürgerung deutscher Volkszugehöriger ausgeschlossen waren,

3.   nach Antragstellung nicht eingebürgert worden sind oder allgemein von einer Einbürgerung, die bei einer Antragstellung sonst möglich gewesen wäre, ausgeschlossen waren oder

4.   ihren gewöhnlichen Aufenthalt in Deutschland, wenn dieser bereits vor dem 30. Januar 1933 oder als Kind auch nach diesem Zeitpunkt begründet worden war, aufgegeben oder verloren haben,

und ihre Abkömmlinge sind auf Antrag einzubürgern, wenn sie handlungsfähig nach § 34 Satz 1 oder gesetzlich vertreten sind, es sei denn, dass sie wegen einer oder mehrerer vorsätzlicher Straftaten rechtskräftig zu einer Freiheits- oder Jugendstrafe von zwei Jahren oder mehr verurteilt worden sind oder bei der letzten rechtskräftigen Verurteilung Sicherungsverwahrung angeordnet worden ist; § 12a Absatz 1 findet keine Anwendung. Einbürgerungsberechtigt nach Satz 1 ist nicht, wer nach dem 8. Mai 1945 die deutsche Staatsangehörigkeit bereits erworben, aber wieder aufgegeben oder verloren hat, oder nach deren Aufgabe oder Verlust als dessen Abkömmling geboren oder als Kind angenommen worden ist. Dem Einbürgerungsanspruch steht der Verlust der nach dem 8. Mai 1945 erworbenen deutschen Staatsangehörigkeit nicht entgegen, wenn dieser durch die Eheschließung mit einem Ausländer oder eine nach den deutschen Gesetzen wirksame Legitimation durch einen Ausländer eingetreten ist.

§ 16

Die Einbürgerung wird wirksam mit der Aushändigung der von der zuständigen Staatsangehörigkeitsbehörde ausgefertigten Einbürgerungsurkunde. Vor der Aushändigung ist folgendes feierliches Bekenntnis abzugeben: „Ich erkläre feierlich, dass ich das Grundgesetz und die Gesetze der Bundesrepublik Deutschland achten und alles unterlassen werde, was ihr schaden könnte."; § 10 Abs. 1 Satz 2 gilt entsprechend. Die Einbürgerungsurkunde soll im Rahmen einer öffentlichen Einbürgerungsfeier ausgehändigt werden.

§ 17

(1) Die deutsche Staatsangehörigkeit geht verloren

1. durch Verzicht (§ 26),

2. durch Eintritt in die Streitkräfte oder einen vergleichbaren bewaffneten Verband eines ausländischen Staates oder durch konkrete Beteiligung an Kampfhandlungen einer terroristischen Vereinigung im Ausland (§ 28) oder

3. durch Rücknahme eines rechtswidrigen Verwaltungsaktes (§ 35).

(2) Die deutsche Staatsangehörigkeit verliert auch ein Kind, rückwirkend zum Zeitpunkt des Erwerbs nach § 4 Absatz 1, 2 oder Absatz 3 Satz 1 oder nach § 6, wenn die Voraussetzungen für diesen Erwerb nicht mehr erfüllt sind. Die Rechtsfolge nach Satz 1 tritt ein, wenn

1. die rückwirkende Entscheidung unanfechtbar ist über

a) eine nach den deutschen Gesetzen wirksame Feststellung des Nichtbestehens der Vaterschaft,

b) den Wegfall des in § 4 Absatz 3 Satz 1 Nummer 2 aufgeführten Aufenthaltsrechts des Elternteils, der für den Erwerb der deutschen Staatsangehörigkeit des Kindes maßgeblich ist,

c) die Unwirksamkeit der Annahme als Kind oder

d) den Verlust der deutschen Staatsangehörigkeit eines

Elternteils nach § 35 Absatz 6 oder

2.   eine nach den deutschen Gesetzen wirksame Anerkennung der Vaterschaft eines Dritten, die das rückwirkende Nichtbestehen der bisherigen Vaterschaft zur Folge hat, wirksam wird oder

3.   der Beweis des Gegenteils nach § 4 Absatz 2 erbracht ist. Die deutsche Staatsangehörigkeit geht nicht verloren, wenn das Kind

1.   bei der Unanfechtbarkeit der Entscheidung, dem Wirksamwerden der Anerkennung der Vaterschaft eines Dritten oder dem Beweis des Gegenteils nach Satz 2 das fünfte Lebensjahr bereits vollendet hat,

2.   mit einem deutschen Elternteil verwandt bleibt,

3.   sonst die deutsche Staatsangehörigkeit nach § 4 Absatz 3 Satz 1 erworben hätte oder

4.   sonst staatenlos würde.

§§ 18 und 19 (weggefallen)

§§ 20 und 21 (weggefallen)

§§ 22 und 23 (weggefallen)

§ 24
Die Entlassung gilt als nicht erfolgt, wenn der Entlassene die ihm zugesicherte ausländische Staatsangehörigkeit nicht innerhalb eines Jahres nach der Aushändigung der Entlassungsurkunde erworben hat.

§ 25 (weggefallen)

§ 26
(1)   Ein Deutscher kann auf seine Staatsangehörigkeit verzichten, wenn er mehrere Staatsangehörigkeiten besitzt. Der Verzicht ist schriftlich zu erklären.
(2)   Die Verzichtserklärung bedarf der Genehmigung der zuständigen Staatsangehörigkeitsbehörde. Die Genehmigung ist zu versagen:
1.   Beamten, Richtern, Soldaten der Bundeswehr und sons-

tigen Personen, die in einem öffentlich-rechtlichen Dienst- oder Amtsverhältnis stehen, solange ihr Dienst- oder Amtsverhältnis nicht beendet ist, mit Ausnahme der ehrenamtlich tätigen Personen,

2.	Wehrpflichtigen, solange nicht das Bundesministerium der Verteidigung oder die von ihm bezeichnete Stelle erklärt hat, dass keine Bedenken gegen die Genehmigung der Verzichtserklärung bestehen.

Satz 2 findet keine Anwendung, wenn der Verzichtende

1.	seit mindestens zehn Jahren seinen gewöhnlichen Aufenthalt im Ausland hat oder

2.	als Wehrpflichtiger im Sinne des Satzes 2 Nummer 2 in einem der Staaten, deren Staatsangehörigkeit er besitzt, Wehrdienst geleistet hat.

(3)	Der Verlust der Staatsangehörigkeit tritt ein mit der Aushändigung der von der zuständigen Staatsangehörigkeitsbehörde ausgefertigten Verzichtsurkunde.

(4)	Der Verzicht eines volljährigen Deutschen, der nach Maßgabe des Bürgerlichen Gesetzbuches geschäftsunfähig ist oder für den in dieser Angelegenheit ein Betreuer bestellt und ein Einwilligungsvorbehalt nach § 1825 des Bürgerlichen Gesetzbuches angeordnet ist, kann nur von einer vertretungsberechtigten Person und nur mit Genehmigung des deutschen Betreuungsgerichts erklärt werden. Der Verzicht eines minderjährigen Deutschen kann nur von seinem gesetzlichen Vertreter und nur mit Genehmigung des deutschen Familiengerichts erklärt werden. Ist der Minderjährige handlungsfähig nach § 34 Satz 1, bedarf die Verzichtserklärung seiner Zustimmung.

§ 27 (weggefallen)

§ 28

(1)	Ein Deutscher, der

1.	auf Grund freiwilliger Verpflichtung ohne eine Zustimmung des Bundesministeriums der Verteidigung oder der von ihm bezeichneten Stelle in die Streitkräfte oder einen vergleichbaren bewaffneten Verband eines ausländischen Staates, dessen Staatsangehörigkeit er besitzt, eintritt oder

2.   sich an Kampfhandlungen einer terroristischen Vereinigung im Ausland konkret beteiligt, verliert die deutsche Staatsangehörigkeit, es sei denn, er würde sonst staatenlos.

(2)   Der Verlust nach Absatz 1 tritt nicht ein,

1.   wenn der Deutsche noch minderjährig ist oder,

2.   im Falle des Absatzes 1 Nummer 1, wenn der Deutsche auf Grund eines zwischenstaatlichen Vertrages zum Eintritt in die Streitkräfte oder in den bewaffneten Verband berechtigt ist.

(3)   Der Verlust ist im Falle des Absatzes 1 Nummer 2 nach § 30 Absatz 1 Satz 3 von Amts wegen festzustellen. Die Feststellung trifft bei gewöhnlichem Aufenthalt des Betroffenen im Inland die oberste Landesbehörde oder die von ihr nach Landesrecht bestimmte Behörde. Befindet sich der Betroffene noch im Ausland, findet gegen die Verlustfeststellung kein Widerspruch statt; die Klage hat keine aufschiebende Wirkung.

§ 29 (weggefallen)

§ 30

(1)   Das Bestehen oder Nichtbestehen der deutschen Staatsangehörigkeit wird bei Glaubhaftmachung eines berechtigten Interesses auf Antrag von der Staatsangehörigkeitsbehörde festgestellt. Die Feststellung ist in allen Angelegenheiten verbindlich, für die das Bestehen oder Nichtbestehen der deutschen Staatsangehörigkeit rechtserheblich ist. Bei Vorliegen eines öffentlichen Interesses kann die Feststellung auch von Amts wegen erfolgen. Das Nichtbestehen der deutschen Staatsangehörigkeit darf bei Vorliegen der Voraussetzungen für einen gesetzlichen Verlust der deutschen Staatsangehörigkeit, der zugleich den Verlust der Unionsbürgerschaft zur Folge hätte, nur dann festgestellt werden, wenn der Verlust auch der Unionsbürgerschaft verhältnismäßig ist. Dies gilt nicht, wenn kein Antrag zur Abwendung des gesetzlichen Verlusts der deutschen Staatsangehörigkeit gestellt oder einem solchen Antrag nicht entsprochen worden ist.

(2)   Für die Feststellung des Bestehens der deutschen Staatsangehörigkeit ist es erforderlich, aber auch ausreichend, wenn durch Urkunden, Auszüge aus den Melderegistern oder andere schriftliche Beweismittel mit hinreichender Wahrscheinlichkeit

nachgewiesen ist, dass die deutsche Staatsangehörigkeit erworben worden und danach nicht wieder verloren gegangen ist. § 3 Abs. 2 bleibt unberührt.

(3)   Wird das Bestehen der deutschen Staatsangehörigkeit auf Antrag festgestellt, stellt die Staatsangehörigkeitsbehörde einen Staatsangehörigkeitsausweis aus. Auf Antrag stellt die Staatsangehörigkeitsbehörde eine Bescheinigung über das Nichtbestehen der deutschen Staatsangehörigkeit aus.

§ 31

 Staatsangehörigkeitsbehörden und Auslandsvertretungen dürfen personenbezogene Daten verarbeiten, soweit dies zur Erfüllung ihrer Aufgaben nach diesem Gesetz oder nach staatsangehörigkeitsrechtlichen
Bestimmungen in anderen Gesetzen erforderlich ist. Personenbezogene Daten, deren Verarbeitung nach Artikel 9 Absatz 1 der Verordnung (EU) 2016/679 des Europäischen Parlaments und des Rates vom 27. April 2016 zum Schutz natürlicher Personen bei der Verarbeitung personenbezogener Daten, zum freien Datenverkehr und zur Aufhebung der Richtlinie 95/46/EG (Datenschutz-Grundverordnung) (ABl. L 119 vom 4.5.2016, S. 1; L 314 vom 22.11.2016, S. 72; L 127 vom 23.5.2018, S. 2) in der jeweils geltenden Fassung untersagt ist, dürfen verarbeitet werden, soweit die personenbezogenen Daten nach § 37 Satz 2 zur Ermittlung von Ausschlussgründen nach § 11 Satz 1 Nummer 1 oder 2 von den Verfassungsschutzbehörden an die Staatsangehörigkeitsbehörden übermittelt worden sind oder die Verarbeitung sonst im Einzelfall zur Aufgabenerfüllung erforderlich ist. Dies gilt im Rahmen der Entscheidung über die Staatsangehörigkeit nach Artikel 116 Absatz 2 des Grundgesetzes auch in Bezug
auf Daten, die sich auf die politischen, rassischen oder religiösen Gründe beziehen, wegen derer zwischen dem
30. Januar 1933 und dem 8. Mai 1945 die deutsche Staatsangehörigkeit entzogen worden ist. Satz 3 gilt für Einbürgerungsverfahren nach § 15 entsprechend.

§ 32

(1)   Öffentliche Stellen haben den in § 31 genannten Stellen

auf Ersuchen personenbezogene Daten zu übermitteln, soweit die Kenntnis dieser Daten zur Erfüllung der in § 31 genannten Aufgaben erforderlich ist. Öffentliche Stellen haben der zuständigen Staatsangehörigkeitsbehörde diese Daten auch ohne Ersuchen zu übermitteln, soweit die Übermittlung aus Sicht der öffentlichen Stelle für die Entscheidung der Staatsangehörigkeitsbehörde über ein anhängiges Einbürgerungsverfahren oder den Verlust oder Nichterwerb der deutschen Staatsangehörigkeit erforderlich ist. Dies gilt bei Einbürgerungsverfahren insbesondere für die den Ausländerbehörden nach § 87 Absatz 4 des Aufenthaltsgesetzes bekannt gewordenen Daten über die Einleitung von Straf- und Auslieferungsverfahren sowie die Erledigung von Straf-, Bußgeld- und Auslieferungsverfahren. Die Daten nach Satz 3 sind unverzüglich an die zuständige Staatsangehörigkeitsbehörde zu übermitteln.

(2)   Die Übermittlung personenbezogener Daten nach Absatz 1 unterbleibt, soweit besondere gesetzliche Verarbeitungsregelungen entgegenstehen.

§ 32a
§ 88 Absatz 3 Satz 1 des Aufenthaltsgesetzes gilt für Einbürgerungsverfahren entsprechend.

§ 32b
In den Fällen einer rechtskräftigen Verurteilung nach den §§ 86, 86a, 102, 104, 111, 125, 126, 126a, 130, 140, 166, 185 bis 189, 192a, 223, 224, 240, 241, 303, 304 und 306 bis 306c des Strafgesetzbuches, die sonst nach § 12a Absatz 1 Satz 1 bei der Einbürgerung außer Betracht bleiben würde, ersucht die Staatsangehörigkeitsbehörde zur Feststellung der Voraussetzungen des § 12a Absatz 1 Satz 2 die zuständige Staatsanwaltschaft um Mitteilung, ob im Rahmen des Urteils antisemitische, rassistische oder sonstige menschenverachtende Beweggründe im Sinne von § 46 Absatz 2 Satz 2 des Strafgesetzbuches festgestellt worden sind oder nicht. Die zuständige Staatsanwaltschaft teilt dies der ersuchenden Staatsangehörigkeitsbehörde unverzüglich mit.

§ 33

(1)	Das Bundesverwaltungsamt (Registerbehörde) führt ein Register der Entscheidungen in Staatsangehörigkeitsangelegenheiten. In das Register werden eingetragen:

1.	Entscheidungen zu Staatsangehörigkeitsurkunden,

2.	Entscheidungen zum Bestand und gesetzlichen Verlust der deutschen Staatsangehörigkeit,

3.	Entscheidungen zu Erwerb, Bestand und Verlust der deutschen Staatsangehörigkeit, die nach dem 31. Dezember 1960 und vor dem 28. August 2007 getroffen worden sind.

(2)	Im Einzelnen dürfen in dem Register gespeichert werden:

1.	die Grundpersonalien der betroffenen Person (Familienname, Geburtsname, frühere Namen, Vornamen, Tag und Ort der Geburt, Geschlecht sowie die Anschrift im Zeitpunkt der Entscheidung),

2.	Rechtsgrund und Datum der Urkunde oder der Entscheidung sowie Rechtsgrund und der Tag des Erwerbs oder Verlusts der Staatsangehörigkeit, im Fall des § 3 Absatz 2 auch der Zeitpunkt, auf den der Erwerb zurückwirkt,

3.	Bezeichnung, Anschrift und Aktenzeichen der Behörde, die die Entscheidung getroffen hat.

3)	Die Staatsangehörigkeitsbehörden sind verpflichtet, die in Absatz 2 genannten personenbezogenen Daten zu den Entscheidungen nach Absatz 1 Satz 2 Nr. 1 und 2, die sie nach dem 28. August 2007 treffen, unverzüglich an die Registerbehörde zu übermitteln.

(4)	Die Registerbehörde übermittelt den Staatsangehörigkeitsbehörden und Auslandsvertretungen auf Ersuchen die in Absatz 2 genannten Daten, soweit die Kenntnis der Daten für die Erfüllung der staatsangehörigkeitsrechtlichen Aufgaben dieser Stellen erforderlich ist. Für die Übermittlung an andere öffentliche Stellen und für Forschungszwecke gelten die Bestimmungen des Bundesdatenschutzgesetzes. Die Übermittlung von Angaben nach Absatz 1 zu Forschungszwecken ist nur in anonymisierter Form oder dann zulässig, wenn das wissenschaftliche Interesse an der Durchführung

des Forschungsvorhabens das Interesse der betroffenen Person an
dem Ausschluss der Verarbeitung erheblich überwiegt.

(5)   Die Staatsangehörigkeitsbehörde teilt nach ihrer Entscheidung, dass eine Person eingebürgert worden ist oder die
deutsche Staatsangehörigkeit weiterhin besitzt, verloren, aufgegeben oder nicht erworben hat, der zuständigen Meldebehörde oder
Auslandsvertretung die in Absatz 2 genannten Daten unverzüglich
mit.

§ 34

Fähig zur Vornahme von Verfahrenshandlungen nach diesem
Gesetz ist, wer das 16. Lebensjahr vollendet hat, sofern er nicht
nach Maßgabe des Bürgerlichen Gesetzbuches geschäftsunfähig ist
oder für ihn in dieser Angelegenheit ein Betreuer bestellt und ein
Einwilligungsvorbehalt nach § 1825 des Bürgerlichen Gesetzbuches angeordnet ist. § 80 Absatz 3 und § 82 des Aufenthaltsgesetzes
gelten entsprechend.

§ 35

(1)   Eine rechtswidrige Einbürgerung kann nur zurück-
genommen werden, wenn der Verwaltungsakt durch arglistige
Täuschung, Drohung oder Bestechung oder durch vorsätzlich
unrichtige oder unvollständige Angaben, die wesentlich für seinen
Erlass gewesen sind, erwirkt worden ist.

(2)   Dieser Rücknahme steht in der Regel nicht entgegen,
dass der Betroffene dadurch staatenlos wird.

(3)   Die Rücknahme darf nur bis zum Ablauf von zehn Jahren nach der Bekanntgabe der Einbürgerung erfolgen.

(4)   Die Rücknahme erfolgt mit Wirkung für die Vergangenheit.

(5)   Hat die Rücknahme Auswirkungen auf die Rechtmäßigkeit von Verwaltungsakten nach diesem Gesetz gegenüber Dritten,
so ist für jede betroffene Person eine selbständige Ermessensent-
scheidung zu treffen. Dabei ist insbesondere eine Beteiligung des
Dritten an der arglistigen Täuschung, Drohung oder Bestechung
oder an den vorsätzlich unrichtigen oder unvollständigen Angaben
gegen seine schutzwürdigen Belange, insbesondere auch unter Be-
achtung des Kindeswohls, abzuwägen.

(6)   Die deutsche Staatsangehörigkeit geht rückwirkend verloren, wenn die Rücknahmeentscheidung unanfechtbar ist. Bei Rücknahme einer rechtswidrigen Bescheinigung nach § 15 Absatz 1 oder 2 des Bundesvertriebenengesetzes, die nach § 15 Absatz 4 des Bundesvertriebenengesetzes mit Wirkung für die Vergangenheit erfolgt ist, gelten Absatz 2 sowie Satz 1 entsprechend.

§ 36
(1)   Über die Einbürgerungen werden jährliche Erhebungen, jeweils für das vorausgegangene Kalenderjahr, beginnend 2000, als Bundesstatistik durchgeführt.
(2)   Die Erhebungen erfassen für jede eingebürgerte Person folgende Erhebungsmerkmale:
1.   Geburtsjahr,
2.   Geschlecht,
3.   Familienstand,
4.   Wohnort zum Zeitpunkt der Einbürgerung,
5.   Aufenthaltsdauer im Bundesgebiet nach Jahren,
6.   Rechtsgrundlage der Einbürgerung und

7.   bisherige Staatsangehörigkeiten.
(2a) Über die Anträge auf Einbürgerung werden jährliche Erhebungen, jeweils für das vorausgegangene Kalenderjahr, beginnend 2025, als Bundesstatistik durchgeführt. Die Erhebungen erfassen für jeden Antragsteller die in Absatz 2 Nummer 1 bis 3, 5 und 7 genannten Erhebungsmerkmale sowie als zusätzliches Erhebungsmerkmal den Wohnort zum Zeitpunkt der Antragstellung.
(2b) Über die Verfahrenserledigungen werden jährliche Erhebungen, jeweils für das vorausgegangene Kalenderjahr, beginnend 2025, als Bundesstatistik durchgeführt. Die Erhebungen erfassen für jeden Antragsteller die in Absatz 2 Nummer 1 bis 3, 5 und 7 genannten Erhebungsmerkmale sowie als zusätzliche Erhebungsmerkmale den Wohnort zum Zeitpunkt der Verfahrenserledigung und die Art der Verfahrenserledigung.
(3)   Hilfsmerkmale der Erhebungen sind:
1.   Bezeichnung und Anschrift der nach Absatz 4 Auskunftspflichtigen,
2.   Name und Telekommunikationsnummern der für Rück-

fragen zur Verfügung stehenden Person und

3.   Registriernummer der antragstellenden oder der eingebürgerten Person bei der Staatsangehörigkeitsbehörde.

(4)   Für die Erhebungen besteht Auskunftspflicht. Auskunftspflichtig sind die Staatsangehörigkeitsbehörden. Die Staatsangehörigkeitsbehörden haben die Auskünfte den zuständigen statistischen Ämtern der Länder jeweils zum
1. März zu erteilen. Die Angaben zu Absatz 3 Nr. 2 sind freiwillig.

(5)   An die fachlich zuständigen obersten Bundes- und Landesbehörden dürfen für die Verwendung gegenüber den gesetzgebenden Körperschaften und für Zwecke der Planung, nicht jedoch für die Regelung von Einzelfällen, vom Statistischen Bundesamt und den statistischen Ämtern der Länder Tabellen mit statistischen Ergebnissen übermittelt werden, auch soweit Tabellenfelder nur einen einzigen Fall ausweisen.

§ 37

Die Staatsangehörigkeitsbehörden übermitteln den Verfassungsschutzbehörden zur Ermittlung von Ausschlussgründen nach § 11 Satz 1 Nummer 1 und 2 die bei ihnen gespeicherten personenbezogenen Daten der Antragsteller, die das 16. Lebensjahr vollendet haben. Die Verfassungsschutzbehörden unterrichten die anfragende Stelle unverzüglich nach Maßgabe der insoweit bestehenden besonderen gesetzlichen Verarbeitungsregelungen.

§ 38

(1)   Für individuell zurechenbare öffentliche Leistungen in Staatsangehörigkeitsangelegenheiten werden, soweit gesetzlich nichts anderes bestimmt ist, Gebühren und Auslagen erhoben.

(2)   Gebühren werden erhoben für:

1.   die Einbürgerung in Höhe von 255 Euro

2.   die Feststellung des Bestehens oder Nichtbestehens der deutschen Staatsangehörigkeit auf Antrag und in Höhe von 51 Euro

3.   die Ausstellung einer sonstigen Bescheinigung in Höhe mindestens 5 Euro und höchstens 51 Euro.

Die Gebühr ermäßigt sich für ein minderjähriges Kind, das miteingebürgert wird und das keine eigenen Einkünfte im Sinne des

Einkommensteuergesetzes hat, auf 51 Euro. Für den Widerruf oder die Rücknahme einer beantragten Leistung nach Satz 1, soweit der Betroffene dazu Anlass gegeben hat, die Ablehnung oder die Rücknahme eines Antrages auf Vornahme einer solchen Leistung nach Beginn der sachlichen Bearbeitung sowie die Zurückweisung oder die Rücknahme des Widerspruchs nach Beginn der sachlichen Bearbeitung wird eine Gebühr in Höhe von 25 Euro bis zu dem Betrag erhoben, der als Gebühr für die Vornahme der beantragten Leistung vorgesehen ist oder zu erheben wäre.

(3)   Gebührenfrei sind:

1.   die Einbürgerung nach Artikel 116 Absatz 2 Satz 1 des Grundgesetzes sowie die Bescheinigung der Staatsangehörigkeit nach Artikel 116 Absatz 2 Satz 2 des Grundgesetzes,

2.   die Einbürgerung nach § 15,

3.   die Einbürgerung von ehemaligen Deutschen, die durch Eheschließung mit einem Ausländer die deutsche Staatsangehörigkeit verloren haben,

4.   der Erklärungserwerb nach § 5,

5.   der Verzicht und

6.   die Feststellung des Bestehens oder Nichtbestehens der deutschen Staatsangehörigkeit von Amts wegen nach § 30 Absatz 1 Satz 3.

(4)   Von den Gebühren nach Absatz 2 kann aus Gründen der Billigkeit oder des öffentlichen Interesses Gebührenermäßigung oder -befreiung gewährt werden.

§ 38a

Eine Ausstellung von Urkunden in Staatsangehörigkeitssachen in elektronischer Form ist ausgeschlossen.

§ 39

Das Bundesministerium des Innern und für Heimat wird ermächtigt, durch Rechtsverordnung mit Zustimmung des Bundesrates Regelungen zu erlassen über die formalen Anforderungen an die Einbürgerungs- und die Verzichtsurkunde, die Urkunde über den Erwerb der deutschen Staatsangehörigkeit durch Erklärung sowie den Staatsangehörigkeitsausweis.

§ 40 (weggefallen)

§ 40a

Auf Einbürgerungsanträge, die bis zum 23. August 2023 gestellt worden sind, ist § 10 Absatz 1 Satz 1 Nummer 3 in der vor dem 27. Juni 2024 geltenden Fassung anzuwenden, soweit er günstigere Bestimmungen enthält.

§ 41

Von den in diesem Gesetz in den §§ 32, 33 und 37 getroffenen Regelungen des Verwaltungsverfahrens der Länder kann nicht durch Landesrecht abgewichen werden.

§ 42

Mit Freiheitsstrafe bis zu fünf Jahren oder mit Geldstrafe wird bestraft, wer unrichtige oder unvollständige Angaben zu wesentlichen Voraussetzungen der Einbürgerung macht oder benutzt, um für sich oder einen anderen eine Einbürgerung zu erschleichen.

Hier sind die wichtigsten Änderungen im neuen
Einbürgerungsgesetz einfach erklärt:

Verkürzte Aufenthaltsdauer:

Man kann die deutsche Staatsbürgerschaft jetzt schon nach fünf
Jahren bekommen, statt wie bisher nach acht Jahren. Bei besonders
guter Integration, wie zum Beispiel durch gute Sprachkenntnisse
oder ehrenamtliches Engagement, sogar schon nach drei Jahren.

Mehrstaatigkeit erlaubt:

Es ist jetzt möglich, mehrere Staatsangehörigkeiten zu behalten.
Man muss seine alte Staatsbürgerschaft also nicht mehr aufgeben,
wenn man Deutscher werden möchte.

Erleichterungen für bestimmte Gruppen:

Besonders für ältere Menschen und junge Leute gibt es weniger
strenge Anforderungen. Zum Beispiel wird bei älteren Menschen
auf Sprachtests verzichtet, wenn sie bestimmte Voraussetzungen
erfüllen.

Bessere Integration von Gastarbeitern:

Die Regeln für Gastarbeiter der ersten Generation werden ge-
lockert. Wer lange in Deutschland lebt, kann leichter die Staatsbürgerschaft bekommen.

Automatische Einbürgerung für in Deutschland geborene Kinder:

Kinder, die in Deutschland geboren werden, bekommen automatisch die deutsche Staatsbürgerschaft, wenn ein Elternteil seit
mindestens fünf Jahren rechtmäßig in Deutschland lebt.

Diese Änderungen sollen die Einbürgerung erleichtern und die
Integration fördern.

Der Einbürgerungstest in Deutschland
Die Prüfungsfragen

Frage Nr. 1

In Deutschland dürfen Menschen offen etwas gegen die Regierung
sagen, weil …

- ☐ hier Religionsfreiheit gilt.
- ☐ die Menschen Steuern zahlen.
- ☐ die Menschen das Wahlrecht haben.
- ☒ hier Meinungsfreiheit gilt.

Frage Nr. 2

In Deutschland können Eltern bis zum 14. Lebensjahr ihres Kindes
entscheiden, ob es in der Schule am …

- ☐ Geschichtsunterricht teilnimmt.
- ☒ Religionsunterricht teilnimmt.
- ☐ Politikunterricht teilnimmt.
- ☐ Sprachunterricht teilnimmt.

Frage Nr. 3

Deutschland ist ein Rechtsstaat. Was ist damit gemeint?

☒ Alle Einwohner / Einwohnerinnen und der Staat müssen
sich an die Gesetze halten.
☐ Der Staat muss sich nicht an die Gesetze halten.
☐ Nur Deutsche müssen die Gesetze befolgen.
☐ Die Gerichte machen die Gesetze.

Frage Nr. 4

Welches Recht gehört zu den Grundrechten in Deutschland?

☐ Waffenbesitz
☐ Faustrecht
☒ Meinungsfreiheit
☐ Selbstjustiz

Frage Nr. 5

Wahlen in Deutschland sind frei. Was bedeutet das?

☐ Man darf Geld annehmen, wenn man dafür einen bestimmten Kandidaten / eine bestimmte Kandidatin wählt.
☒ Der Wähler darf bei der Wahl weder beeinflusst noch zu einer bestimmten Stimmabgabe gezwungen werden und keine Nachteile durch die Wahl haben.
☐ Nur Personen, die noch nie im Gefängnis waren, dürfen wählen.
☐ Alle wahlberechtigten Personen müssen wählen.

Frage Nr. 6

Wie heißt die deutsche Verfassung?

☐ Volksgesetz
☐ Bundesgesetz
☐ Deutsches Gesetz
☒ Grundgesetz

Frage Nr. 7

Welches Recht gehört zu den Grundrechten, die nach der deutschen Verfassung garantiert werden? Das Recht auf …

- ☒ Glaubens- und Gewissensfreiheit
- ☐ Unterhaltung
- ☐ Arbeit
- ☐ Wohnung

Frage Nr. 8

Was steht nicht im Grundgesetz von Deutschland?

- ☐ Die Würde des Menschen ist unantastbar.
- ☒ Alle sollen gleich viel Geld haben.
- ☐ Jeder Mensch darf seine Meinung sagen.
- ☐ Alle sind vor dem Gesetz gleich.

Frage Nr. 9

Welches Grundrecht gilt in Deutschland nur für Ausländer / Aus-
länderinnen? Das Grundrecht auf …

☐ Schutz der Familie
☐ Menschenwürde
☒ Asyl
☐ Meinungsfreiheit

Frage Nr. 10

Was ist mit dem deutschen Grundgesetz vereinbar?

☐ die Prügelstrafe
☐ die Folter
☐ die Todesstrafe
☒ die Geldstrafe

Frage Nr. 11

Wie wird die Verfassung der Bundesrepublik Deutschland
genannt?

☒ Grundgesetz
☐ Bundesverfassung
☐ Gesetzbuch
☐ Verfassungsvertrag

Frage Nr. 12

Eine Partei im Deutschen Bundestag will die Pressefreiheit
abschaffen. Ist das möglich?

☐ Ja, wenn mehr als die Hälfte der Abgeordneten im Bundes-
tag dafür sind.
☐ Ja, aber dazu müssen zwei Drittel der Abgeordneten im
Bundestag dafür sein.
☒ Nein, denn die Pressefreiheit ist ein Grundrecht. Sie kann
nicht abgeschafft werden.
☐ Nein, denn nur der Bundesrat kann die Pressefreiheit ab-
schaffen.

Frage Nr. 13

Im Parlament steht der Begriff „Opposition" für...

☐ die regierenden Parteien.
☒ alle Abgeordneten, die nicht zu der Regierungspartei/den Regierungsparteien gehören.
☐ die Fraktion mit den meisten Abgeordneten.
☐ alle Parteien, die bei der letzten Wahl die 5%-Hürde erreichen konnten.

Frage Nr. 14

Meinungsfreiheit in Deutschland heißt, dass ich …

☐ auf Flugblättern falsche Tatsachen behaupten darf.
☒ meine Meinung in Leserbriefen äußern kann.
☐ Nazi-Symbole tragen darf.
☐ Meine Meinung sagen darf, solange ich der Regierung nicht widerspreche.

Frage Nr. 15

Was verbietet das deutsche Grundgesetz?

- ☐ Militärdienst
- ☒ Zwangsarbeit
- ☐ freie Berufswahl
- ☐ Arbeit im Ausland

Frage Nr. 16

Wann ist die Meinungsfreiheit in Deutschland eingeschränkt?

- ☒ bei der öffentlichen Verbreitung falscher Behauptungen über einzelne Personen
- ☐ bei Meinungsäußerungen über die Bundesregierung
- ☐ bei Diskussionen über Religionen
- ☐ bei Kritik am Staat

Frage Nr. 17

Die deutschen Gesetze verbieten …

☐ Meinungsfreiheit der Einwohner und Einwohnerinnen.
☐ Petitionen der Bürger und Bürgerinnen.
☐ Versammlungsfreiheit der Einwohner und Einwohnerinnen.
☒ Ungleichbehandlung der Bürger und Bürgerinnen durch
den Staat.

Frage Nr. 18

Welches Grundrecht ist in Artikel 1 des Grundgesetzes der
Bundesrepublik Deutschland garantiert?

☒ die Unantastbarkeit der Menschenwürde
☐ das Recht auf Leben
☐ Religionsfreiheit
☐ Meinungsfreiheit

Frage Nr. 19

Was versteht man unter dem Recht der „Freizügigkeit" in
Deutschland?

- ☒ Man darf sich seinen Wohnort selbst aussuchen.
- ☐ Man kann seinen Beruf wechseln.
- ☐ Man darf sich für eine andere Religion entscheiden.
- ☐ Man darf sich in der Öffentlichkeit nur leicht bekleidet
  bewegen.

Frage Nr. 20

Eine Partei in Deutschland verfolgt das Ziel, eine Diktatur zu
errichten. Sie ist dann …

- ☐ tolerant.
- ☐ rechtsstaatlich orientiert.
- ☐ gesetzestreu.
- ☒ verfassungswidrig.

Frage Nr. 21

Welches ist das Wappen der Bundesrepublik Deutschland?

☒ 1
☐ 2
☐ 3
☐ 4

Frage Nr. 22

Was für eine Staatsform hat Deutschland?

☐ Monarchie
☐ Diktatur
☒ Republik
☐ Fürstentum

Frage Nr. 23

In Deutschland sind die meisten Erwerbstätigen …

- ☒ bei einer Firma oder Behörde beschäftigt.
- ☐ in kleinen Familienunternehmen beschäftigt.
- ☐ ehrenamtlich für ein Bundesland tätig.
- ☐ selbständig mit einer eigenen Firma tätig.

Frage Nr. 24

Wie viele Bundesländer hat die Bundesrepublik Deutschland?

- ☐ 14
- ☐ 15
- ☒ 16
- ☐ 17

Frage Nr. 25

Was ist kein Bundesland der Bundesrepublik Deutschland?

☐ Nordrhein-Westfalen
☒ Elsass-Lothringen
☐ Mecklenburg-Vorpommern
☐ Sachsen-Anhalt

Frage Nr. 26

Deutschland ist ...

☐ eine kommunistische Republik.
☒ ein demokratischer und sozialer Bundesstaat.
☐ eine kapitalistische und soziale Monarchie.
☐ ein sozialer und sozialistischer Bundesstaat

Frage Nr. 27

Deutschland ist …

☐ ein sozialistischer Staat.
☒ ein Bundesstaat.
☐ eine Diktatur.
☐ eine Monarchie.

Frage Nr. 28

Wer wählt in Deutschland die Abgeordneten zum Bundestag?

☐ das Militär
☐ die Wirtschaft
☒ das wahlberechtigte Volk
☐ die Verwaltung

Frage Nr. 29

Welches Tier ist das Wappentier der Bundesrepublik Deutschland?

☐ Löwe
☒ Adler
☐ Bär
☐ Pferd

Frage Nr. 30

Was ist kein Merkmal unserer Demokratie?

☐ regelmäßige Wahlen
☒ Pressezensur
☐ Meinungsfreiheit
☐ verschiedene Parteien

Frage Nr. 31

Die Zusammenarbeit von Parteien zur Bildung einer Regierung
nennt man in Deutschland ...

☐ Einheit.
☒ Koalition.
☐ Ministerium.
☐ Fraktion.

Frage Nr. 32

Was ist keine staatliche Gewalt in Deutschland?

☐ Gesetzgebung
☐ Regierung
☒ Presse
☐ Rechtsprechung

Frage Nr. 33

Welche Aussage ist richtig? In Deutschland ...

☑ sind Staat und Religionsgemeinschaften voneinander
   getrennt.
☐ bilden die Religionsgemeinschaften den Staat.
☐ ist der Staat abhängig von den Religionsgemeinschaften.
☐ bilden Staat und Religionsgemeinschaften eine Einheit.

Frage Nr. 34

Was ist Deutschland nicht?

☐ eine Demokratie
☐ ein Rechtsstaat
☑ eine Monarchie
☐ ein Sozialstaat

Frage Nr. 35

Womit finanziert der deutsche Staat die Sozialversicherung?

☐ Kirchensteuern
☒ Sozialabgaben
☐ Spendengeldern
☐ Vereinsbeiträgen

Frage Nr. 36

Welche Maßnahme schafft in Deutschland soziale Sicherheit?

☒ die Krankenversicherung
☐ die Autoversicherung
☐ die Gebäudeversicherung
☐ die Haftpflichtversicherung

Frage Nr. 37

Wie werden die Regierungschefs / Regierungschefinnen der meisten Bundesländer in Deutschland genannt?

☐ Erster Minister / Erste Ministerin
☐ Premierminister / Premierministerin
☐ Senator / Senatorin
☒ Ministerpräsident / Ministerpräsidentin

Frage Nr. 38

Die Bundesrepublik Deutschland ist ein demokratischer und sozialer ...

☐ Staatenverbund.
☒ Bundesstaat.
☐ Staatenbund.
☐ Zentralstaat.

Frage Nr. 39

Was hat jedes deutsche Bundesland?

☐ einen eigenen Außenminister / eine eigene Außenministerin
☐ eine eigene Währung
☐ eine eigene Armee
☒ eine eigene Regierung

Frage Nr. 40

Mit welchen Worten beginnt die deutsche Nationalhymne?

☐ Völker, hört die Signale …
☒ Einigkeit und Recht und Freiheit …
☐ Freude schöner Götterfunken …
☐ Deutschland einig Vaterland …

Frage Nr. 41

Warum gibt es in einer Demokratie mehr als eine Partei?

☒ weil dadurch die unterschiedlichen Meinungen der Bürger
und Bürgerinnen vertreten werden
☐ damit Bestechung in der Politik begrenzt wird
☐ um politische Demonstrationen zu verhindern
☐ um wirtschaftlichen Wettbewerb anzuregen

Frage Nr. 42

Wer beschließt in Deutschland ein neues Gesetz?

☐ die Regierung
☒ das Parlament
☐ die Gerichte
☐ die Polizei

Frage Nr. 43

Wann kann in Deutschland eine Partei verboten werden?

☐ wenn ihr Wahlkampf zu teuer ist
☒ wenn sie gegen die Verfassung kämpft
☐ wenn sie Kritik am Staatsoberhaupt äußert
☐ wenn ihr Programm eine neue Richtung vorschlägt

Frage Nr. 44

Wen kann man als Bürger / Bürgerin in Deutschland nicht direkt wählen?

☐ Abgeordnete des EU-Parlaments
☒ den Bundespräsidenten / die Bundespräsidentin
☐ Landtagsabgeordnete
☐ Bundestagsabgeordnete

Frage Nr. 45

Zu welcher Versicherung gehört die Pflegeversicherung?

☒ Sozialversicherung
☐ Unfallversicherung
☐ Hausratversicherung
☐ Haftpflicht- und Feuerversicherung

Frage Nr. 46

Der deutsche Staat hat viele Aufgaben. Welche Aufgabe gehört
dazu?

☒ Er baut Straßen und Schulen.
☐ Er verkauft Lebensmittel und Kleidung.
☐ Er versorgt alle Einwohner und Einwohnerinnen
   kostenlos mit Zeitungen.
☐ Er produziert Autos und Busse.

Frage Nr. 47

Der deutsche Staat hat viele Aufgaben. Welche Aufgabe gehört
nicht dazu?

- ☒ Er bezahlt für alle Staatsangehörigen Urlaubsreisen.
- ☐ Er zahlt Kindergeld.
- ☐ Er unterstützt Museen.
- ☐ Er fördert Sportler und Sportlerinnen.

Frage Nr. 48

Welches Organ gehört nicht zu den Verfassungsorganen
Deutschlands?

- ☐ der Bundesrat
- ☐ der Bundespräsident / die Bundespräsidentin
- ☒ die Bürgerversammlung
- ☐ die Regierung

Frage Nr. 49

Wer bestimmt in Deutschland die Schulpolitik?

☐ die Lehrer und Lehrerinnen
☒ die Bundesländer
☐ das Familienministerium
☐ die Universitäten

Frage Nr. 50

Die Wirtschaftsform in Deutschland nennt man ...

☐ freie Zentralwirtschaft.
☒ soziale Marktwirtschaft.
☐ gelenkte Zentralwirtschaft.
☐ Planwirtschaft.

Frage Nr. 51

Zu einem demokratischen Rechtsstaat gehört es nicht, dass …

☐ Menschen sich kritisch über die Regierung äußern können.
☐ Bürger friedlich demonstrieren gehen dürfen.
☒ Menschen von einer Privatpolizei ohne Grund verhaftet
werden.
☐ jemand ein Verbrechen begeht und deshalb verhaftet wird.

Frage Nr. 52

Was bedeutet „Volkssouveränität"? Alle Staatsgewalt geht vom …

☒ Volke aus.
☐ Bundestag aus.
☐ preußischen König aus.
☐ Bundesverfassungsgericht aus.

Frage Nr. 53

Was bedeutet „Rechtsstaat" in Deutschland?

☐ Der Staat hat Recht.
☐ Es gibt nur rechte Parteien.
☐ Die Bürger und Bürgerinnen entscheiden über Gesetze.
☒ Der Staat muss die Gesetze einhalten.

Frage Nr. 54

Was ist keine staatliche Gewalt in Deutschland?

☐ Legislative
☐ Judikative
☐ Exekutive
☒ Direktive

Frage Nr. 55

Was zeigt dieses Bild?

☒ den Bundestagssitz in Berlin
☐ das Bundesverfassungsgericht in Karlsruhe
☐ das Bundesratsgebäude in Berlin
☐ das Bundeskanzleramt in Berlin

Frage Nr. 56

Welches Amt gehört in Deutschland zur Gemeindeverwaltung?

☐ Pfarramt
☒ Ordnungsamt
☐ Finanzamt
☐ Auswärtiges Amt

Frage Nr. 57

Wer wird meistens zum Präsidenten / zur Präsidentin des
Deutschen Bundestages gewählt?

☐ der / die älteste Abgeordnete im Parlament
☐ der Ministerpräsident / die Ministerpräsidentin des
  größten Bundeslandes
☒ ein Abgeordneter / eine Abgeordnete der stärksten Fraktion
☐ ein ehemaliger Bundeskanzler / eine ehemalige
  Bundeskanzlerin

Frage Nr. 58

Wer ernennt in Deutschland die Minister / die Ministerinnen der
Bundesregierung?

☐ der Präsident / die Präsidentin des Bundesverfassungsge-
  richtes
☒ der Bundespräsident / die Bundespräsidentin
☐ der Bundesratspräsident / die Bundesratspräsidentin
☐ der Bundestagspräsident / die Bundestagspräsidentin

Frage Nr. 59

Welche Parteien wurden in Deutschland 2007 zur Partei
„Die Linke"?

☐ CDU und SSW
☒ PDS und WASG
☐ CSU und FDP
☐ Bündnis 90/Die Grünen und SPD

Frage Nr. 60

In Deutschland gehören der Bundestag und der Bundesrat zur …

☐ Exekutive.
☒ Legislative.
☐ Direktive.
☐ Judikative.

Frage Nr. 61

Was bedeutet „Volkssouveränität"?

- ☐ Der König / die Königin herrscht über das Volk.
- ☐ Das Bundesverfassungsgericht steht über der Verfassung.
- ☐ Die Interessenverbände üben die Souveränität zusammen mit der Regierung aus.
- ☒ Die Staatsgewalt geht vom Volke aus.

Frage Nr. 62

Wenn das Parlament eines deutschen Bundeslandes gewählt wird, nennt man das …

- ☐ Kommunalwahl.
- ☒ Landtagswahl.
- ☐ Europawahl.
- ☐ Bundestagswahl.

Frage Nr. 63

Was gehört in Deutschland nicht zur Exekutive?

- ☐ die Polizei
- ☒ die Gerichte
- ☐ das Finanzamt
- ☐ die Ministerien

Frage Nr. 64

Die Bundesrepublik Deutschland ist heute gegliedert in …

- ☐ vier Besatzungszonen.
- ☐ einen Oststaat und einen Weststaat.
- ☐ 16 Kantone.
- ☒ Bund, Länder und Kommunen.

Frage Nr. 65

Es gehört nicht zu den Aufgaben des Deutschen Bundestages, …

☐ Gesetze zu entwerfen.
☐ die Bundesregierung zu kontrollieren.
☐ den Bundeskanzler / die Bundeskanzlerin zu wählen.
☒ das Bundeskabinett zu bilden.

Frage Nr. 66

Wer schrieb den Text zur deutschen Nationalhymne?

☐ Friedrich von Schiller
☐ Clemens Brentano
☐ Johann Wolfgang von Goethe
☒ Heinrich Hoffmann von Fallersleben

Frage Nr. 67

Was ist in Deutschland vor allem eine Aufgabe der Bundesländer?

☐ Verteidigungspolitik
☐ Außenpolitik
☐ Wirtschaftspolitik
☒ Schulpolitik

Frage Nr. 68

Warum kontrolliert der Staat in Deutschland das Schulwesen?

☐ weil es in Deutschland nur staatliche Schulen gibt
☐ weil alle Schüler und Schülerinnen einen Schulabschluss haben müssen
☐ weil es in den Bundesländern verschiedene Schulen gibt
☒ weil es nach dem Grundgesetz seine Aufgabe ist

Frage Nr. 69

Die Bundesrepublik Deutschland hat einen dreistufigen
Verwaltungsaufbau. Wie heißt die unterste politische Stufe?

☐ Stadträte
☐ Landräte
☒ Gemeinden und Kommunen
☐ Bezirksämter

Frage Nr. 70

Der deutsche Bundespräsident Gustav Heinemann gibt Helmut
Schmidt 1974 die Ernennungsurkunde zum deutschen Bundeskanzler. Was gehört zu den Aufgaben des deutschen Bundespräsidenten / der deutschen Bundespräsidentin?

☐ Er / Sie führt die Regierungsgeschäfte.
☐ Er / Sie kontrolliert die Regierungspartei.
☐ Er / Sie wählt die Minister / Ministerinnen aus.
☒ Er / Sie schlägt den Kanzler / die Kanzlerin zur Wahl vor.

Frage Nr. 71

Wo hält sich der deutsche Bundeskanzler / die deutsche
Bundeskanzlerin am häufigsten auf? Am häufigsten ist er / sie …

☐ in Bonn, weil sich dort das Bundeskanzleramt und der
Bundestag befinden.
☒ in Berlin, weil sich dort das Bundeskanzleramt und der
Bundestag befinden.
☐ auf Schloss Meseberg, dem Gästehaus der Bundesregierung,
um Staatsgäste zu empfangen.
☐ auf Schloss Bellevue, dem Amtssitz des Bundespräsidenten /
der Bundespräsidentin, um Staatsgäste zu empfangen.

Frage Nr. 72

Wie heißt der jetzige Bundeskanzler / die jetzige Bundeskanzlerin
von Deutschland?

☐ Gerhard Schröder
☐ Jürgen Rüttgers
☐ Klaus Wowereit
☒ Olaf Scholz

Frage Nr. 73

Die beiden größten Fraktionen im Deutschen Bundestag heißen
zurzeit …

☒ CDU/CSU und SPD.
☐ Die Linke und Bündnis 90/Die Grünen.
☐ FDP und SPD.
☐ Die Linke und FDP.

Frage Nr. 74

Wie heißt das Parlament für ganz Deutschland?

☐ Bundesversammlung
☐ Volkskammer
☒ Bundestag
☐ Bundesgerichtshof

Frage Nr. 75

Wie heißt Deutschlands heutiges Staatsoberhaupt?

☒ Frank-Walter Steinmeier
☐ Norbert Lammert
☐ Wolfgang Thierse
☐ Edmund Stoiber

Frage Nr. 76

Was bedeutet die Abkürzung CDU in Deutschland?

☐ Christliche Deutsche Union
☐ Club Deutscher Unternehmer
☐ Christlicher Deutscher Umweltschutz
☒ Christlich Demokratische Union

Frage Nr. 77

Was ist die Bundeswehr?

☐ die deutsche Polizei
☐ ein deutscher Hafen
☐ eine deutsche Bürgerinitiative
☒ die deutsche Armee

Frage Nr. 78

Was bedeutet die Abkürzung SPD?

☐ Sozialistische Partei Deutschlands
☐ Sozialpolitische Partei Deutschlands
☒ Sozialdemokratische Partei Deutschlands
☐ Sozialgerechte Partei Deutschlands

Frage Nr. 79

Was bedeutet die Abkürzung FDP in Deutschland?

☐ Friedliche Demonstrative Partei
☐ Freie Deutschland Partei
☐ Führende Demokratische Partei
☒ Freie Demokratische Partei

Frage Nr. 80

Welches Gericht in Deutschland ist zuständig für die Auslegung des Grundgesetzes?

☐ Oberlandesgericht
☐ Amtsgericht
☒ Bundesverfassungsgericht
☐ Verwaltungsgericht

Frage Nr. 81

Wer wählt den Bundeskanzler / die Bundeskanzlerin in
Deutschland?

☐ der Bundesrat
☐ die Bundesversammlung
☐ das Volk
☒ der Bundestag

Frage Nr. 82

Wer leitet das deutsche Bundeskabinett?

☐ der Bundestagspräsident / die Bundestagspräsidentin
☐ der Bundespräsident / die Bundespräsidentin
☒ der Bundeskanzler / die Bundeskanzlerin
☐ der Bundesratspräsident / die Bundesratspräsidentin

Frage Nr. 83

Wer wählt den deutschen Bundeskanzler / die deutsche
Bundeskanzlerin?

☐ das Volk
☐ die Bundesversammlung
☒ der Bundestag
☐ die Bundesregierung

Frage Nr. 84

Welche Hauptaufgabe hat der deutsche Bundespräsident / die
deutsche Bundespräsidentin? Er / Sie …

☐ regiert das Land.
☐ entwirft die Gesetze.
☒ repräsentiert das Land.
☐ überwacht die Einhaltung der Gesetze.

Frage Nr. 85

Wer bildet den deutschen Bundesrat?

☐ die Abgeordneten des Bundestages
☐ die Minister und Ministerinnen der Bundesregierung
☒ die Regierungsvertreter der Bundesländer
☐ die Parteimitglieder

Frage Nr. 86

Wer wählt in Deutschland den Bundespräsidenten / die Bundespräsidentin?

☒ die Bundesversammlung
☐ der Bundesrat
☐ das Bundesparlament
☐ das Bundesverfassungsgericht

Frage Nr. 87

Wer ist das Staatsoberhaupt der Bundesrepublik Deutschland?

☐ der Bundeskanzler / die Bundeskanzlerin
☒ der Bundespräsident / die Bundespräsidentin
☐ der Bundesratspräsident / die Bundesratspräsidentin
☐ der Bundestagspräsident / die Bundestagspräsidentin

Frage Nr. 88

Die parlamentarische Opposition im Deutschen Bundestag …

☒ kontrolliert die Regierung.
☐ entscheidet, wer Bundesminister / Bundesministerin wird.
☐ bestimmt, wer im Bundesrat sitzt.
☐ schlägt die Regierungschefs / Regierungschefinnen der
  Länder vor.

Frage Nr. 89

Wie nennt man in Deutschland die Vereinigung von Abgeordneten einer Partei im Parlament?

☐ Verband
☐ Ältestenrat
☒ Fraktion
☐ Opposition

Frage Nr. 90

Die deutschen Bundesländer wirken an der Gesetzgebung des Bundes mit durch …

☒ den Bundesrat.
☐ die Bundesversammlung.
☐ den Bundestag.
☐ die Bundesregierung.

Frage Nr. 91

In Deutschland kann ein Regierungswechsel in einem Bundesland
Auswirkungen auf die Bundespolitik haben. Das Regieren wird …

☐ schwieriger, wenn sich dadurch die Mehrheit im Bundestag
ändert.
☐ leichter, wenn dadurch neue Parteien in den Bundesrat
kommen.
☒ schwieriger, wenn dadurch die Mehrheit im Bundesrat
verändert wird.
☐ leichter, wenn es sich um ein reiches Bundesland handelt.

Frage Nr. 92

Was bedeutet die Abkürzung CSU in Deutschland?

☐ Christlich Sichere Union
☐ Christlich Süddeutsche Union
☐ Christlich Sozialer Unternehmerverband
☒ Christlich Soziale Union

Frage Nr. 93

Je mehr „Zweitstimmen" eine Partei bei einer Bundestagswahl bekommt, desto …

☒ mehr Sitze erhält die Partei im Parlament.
☐ weniger Erststimmen kann sie haben.
☐ mehr Direktkandidaten der Partei ziehen ins Parlament ein.
☐ größer ist das Risiko, eine Koalition bilden zu müssen.

Frage Nr. 94

Ab welchem Alter darf man in Deutschland an der Wahl zum Deutschen Bundestag teilnehmen?

☐ 16
☒ 18
☐ 21
☐ 23

Frage Nr. 95

Was gilt für die meisten Kinder in Deutschland?

☐ Wahlpflicht
☒ Schulpflicht
☐ Schweigepflicht
☐ Religionspflicht

Frage Nr. 96

Was muss jeder deutsche Staatsbürger / jede deutsche
Staatsbürgerin ab dem 16. Lebensjahr besitzen?

☐ einen Reisepass
☒ einen Personalausweis
☐ einen Sozialversicherungsausweis
☐ einen Führerschein

Frage Nr. 97

Was bezahlt man in Deutschland automatisch, wenn man fest
angestellt ist?

☒ Sozialversicherung
☐ Sozialhilfe
☐ Kindergeld
☐ Wohngeld

Frage Nr. 98

Wenn Abgeordnete im Deutschen Bundestag ihre Fraktion
wechseln, ...

☒ kann die Regierung ihre Mehrheit verlieren.
☐ dürfen sie nicht mehr an den Sitzungen des Parlaments
teilnehmen.
☐ muss der Bundespräsident / die Bundespräsidentin zuvor
sein / ihr Einverständnis geben.
☐ dürfen die Wähler / Wählerinnen dieser Abgeordneten noch
einmal wählen.

Frage Nr. 99

Wer bezahlt in Deutschland die Sozialversicherungen?

☒ Arbeitgeber / Arbeitgeberinnen und Arbeitnehmer / Arbeitnehmerinnen
☐ nur Arbeitnehmer / Arbeitnehmerinnen
☐ alle Staatsangehörigen
☐ nur Arbeitgeber / Arbeitgeberinnen

Frage Nr. 100

Was gehört nicht zur gesetzlichen Sozialversicherung?

☐ die gesetzliche Rentenversicherung
☒ die Lebensversicherung
☐ die Arbeitslosenversicherung
☐ die Pflegeversicherung

Frage Nr. 101

Gewerkschaften sind Interessenverbände der …

☐ Jugendlichen.
☒ Arbeitnehmer und Arbeitnehmerinnen.
☐ Rentner und Rentnerinnen.
☐ Arbeitgeber und Arbeitgeberinnen.

Frage Nr. 102

Womit kann man in der Bundesrepublik Deutschland geehrt werden, wenn man auf politischem, wirtschaftlichem, kulturellem, geistigem oder sozialem Gebiet eine besondere Leistung erbracht hat? Mit dem …

☐ Bundesadler
☒ Bundesverdienstkreuz
☐ Vaterländischen Verdienstorden
☐ Ehrentitel „Held der Deutschen Demokratischen Republik"

Frage Nr. 103

Was wird in Deutschland als „Ampelkoalition" bezeichnet?
Die Zusammenarbeit …

- ☐ der Bundestagsfraktionen von CDU und CSU
- ☒ von SPD, FDP und Bündnis 90/Die Grünen in
  einer Regierung
- ☐ von CSU, Die LINKE und Bündnis 90/Die Grünen
  in einer Regierung
- ☐ der Bundestagsfraktionen von CDU und SPD

Frage Nr. 104

Eine Frau in Deutschland verliert ihre Arbeit. Was darf nicht der
Grund für diese Entlassung sein?

- ☐ Die Frau ist lange krank und arbeitsunfähig.
- ☐ Die Frau kam oft zu spät zur Arbeit.
- ☐ Die Frau erledigt private Sachen während der Arbeitszeit.
- ☒ Die Frau bekommt ein Kind und ihr Chef weiß das.

Frage Nr. 105

Was ist eine Aufgabe von Wahlhelfern / Wahlhelferinnen in
Deutschland?

☐ Sie helfen alten Menschen bei der Stimmabgabe in der
Wahlkabine.
☐ Sie schreiben die Wahlbenachrichtigungen vor der Wahl.
☐ Sie geben Zwischenergebnisse an die Medien weiter.
☒ Sie zählen die Stimmen nach dem Ende der Wahl.

Frage Nr. 106

In Deutschland helfen ehrenamtliche Wahlhelfer und Wahlhelferinnen bei den Wahlen. Was ist eine Aufgabe von Wahlhelfern /
Wahlhelferinnen?

☐ Sie helfen Kindern und alten Menschen beim Wählen.
☐ Sie schreiben Karten und Briefe mit der Angabe des Wahl-
lokals.
☐ Sie geben Zwischenergebnisse an Journalisten weiter.
☒ Sie zählen die Stimmen nach dem Ende der Wahl.

Frage Nr. 107

Für wie viele Jahre wird der Bundestag in Deutschland gewählt?

☐ 2 Jahre
☑ 4 Jahre
☐ 6 Jahre
☐ 8 Jahre

Frage Nr. 108

Bei einer Bundestagswahl in Deutschland darf jeder wählen,
der ...

☐ in der Bundesrepublik Deutschland wohnt und wählen
  möchte.
☑ Bürger / Bürgerin der Bundesrepublik Deutschland ist und
  mindestens 18 Jahre alt ist.
☐ seit mindestens 3 Jahren in der Bundesrepublik
  Deutschland lebt.
☐ Bürger / Bürgerin der Bundesrepublik Deutschland ist und
  mindestens 21 Jahre alt ist.

Frage Nr. 109

Wie oft gibt es normalerweise Bundestagswahlen in Deutschland?

- ☐ alle drei Jahre
- ☒ alle vier Jahre
- ☐ alle fünf Jahre
- ☐ alle sechs Jahre

Frage Nr. 110

Für wie viele Jahre wird der Bundestag in Deutschland gewählt?

- ☐ 2 Jahre
- ☐ 3 Jahre
- ☒ 4 Jahre
- ☐ 5 Jahre

Frage Nr. 111

In Deutschland darf man wählen. Was bedeutet das?

☒ Alle deutschen Staatsangehörigen dürfen wählen, wenn sie
das Mindestalter erreicht haben.

☐ Nur verheiratete Personen dürfen wählen.

☐ Nur Personen mit einem festen Arbeitsplatz dürfen wählen.

☐ Alle Einwohner und Einwohnerinnen in Deutschland
müssen wählen.

Frage Nr. 112

Die Wahlen in Deutschland sind …

☐ speziell.

☒ geheim.

☐ berufsbezogen.

☐ geschlechtsabhängig.

Frage Nr. 113

Wahlen in Deutschland gewinnt die Partei, die …

☒ die meisten Stimmen bekommt.
☐ die meisten Männer mehrheitlich gewählt haben.
☐ die meisten Stimmen bei den Arbeitern / Arbeiterinnen bekommen hat.
☐ die meisten Erststimmen für ihren Kanzlerkandidaten / ihre Kanzlerkandidatin erhalten hat.

Frage Nr. 114

An demokratischen Wahlen in Deutschland teilzunehmen ist …

☐ eine Pflicht.
☒ ein Recht.
☐ ein Zwang.
☐ eine Last.

Frage Nr. 115

Was bedeutet „aktives Wahlrecht" in Deutschland?

- ☐ Man kann gewählt werden.
- ☐ Man muss wählen gehen.
- ☑ Man kann wählen.
- ☐ Man muss zur Auszählung der Stimmen gehen.

Frage Nr. 116

Wenn Sie bei einer Bundestagswahl in Deutschland wählen dürfen, heißt das …

- ☐ aktive Wahlkampagne.
- ☐ aktives Wahlverfahren.
- ☐ aktiver Wahlkampf.
- ☑ aktives Wahlrecht.

Frage Nr. 117

Wie viel Prozent der Zweitstimmen müssen Parteien mindestens bekommen, um in den Deutschen Bundestag gewählt zu werden?

☐ 3 %
☐ 4 %
☒ 5 %
☐ 6 %

Frage Nr. 118

Was regelt das Wahlrecht in Deutschland?

☐ Wer wählen darf, muss wählen.
☐ Alle die wollen, können wählen.
☐ Wer nicht wählt, verliert das Recht zu wählen.
☒ Wer wählen darf, kann wählen.

Frage Nr. 119

Wahlen in Deutschland sind frei. Was bedeutet das?

☐ Alle verurteilten Straftäter / Straftäterinnen dürfen nicht wählen.

☐ Wenn ich wählen gehen möchte, muss mein Arbeitgeber / meine Arbeitgeberin mir frei geben.

☒ Jede Person kann ohne Zwang entscheiden, ob sie wählen möchte und wen sie wählen möchte.

☐ Ich kann frei entscheiden, wo ich wählen gehen möchte.

Frage Nr. 120

Das Wahlsystem in Deutschland ist ein …

☐ Zensuswahlrecht.

☐ Dreiklassenwahlrecht.

☒ Mehrheits- und Verhältniswahlrecht.

☐ allgemeines Männerwahlrecht.

Frage Nr. 121

Eine Partei möchte in den Deutschen Bundestag. Sie muss aber einen Mindestanteil an Wählerstimmen haben. Das heißt ...

☒ 5 %-Hürde.
☐ Zulassungsgrenze.
☐ Basiswert.
☐ Richtlinie.

Frage Nr. 122

Welchem Grundsatz unterliegen Wahlen in Deutschland? Wahlen in Deutschland sind ...

☒ frei, gleich, geheim.
☐ offen, sicher, frei.
☐ geschlossen, gleich, sicher.
☐ sicher, offen, freiwillig.

Frage Nr. 123

Was ist in Deutschland die „5 %-Hürde"?

☐ Abstimmungsregelung im Bundestag für kleine Parteien
☐ Anwesenheitskontrolle im Bundestag für Abstimmungen
☒ Mindestanteil an Wählerstimmen, um ins Parlament zu
  kommen
☐ Anwesenheitskontrolle im Bundesrat für Abstimmungen

Frage Nr. 124

Die Bundestagswahl in Deutschland ist die Wahl …

☐ des Bundeskanzlers / der Bundeskanzlerin.
☐ der Parlamente der Länder.
☒ des Parlaments für Deutschland.
☐ des Bundespräsidenten / der Bundespräsidentin.

Frage Nr. 125

In einer Demokratie ist eine Funktion von regelmäßigen Wahlen, …

- ☐ die Bürger und Bürgerinnen zu zwingen, ihre Stimme abzugeben.
- ☒ nach dem Willen der Wählermehrheit den Wechsel der Regierung zu ermöglichen.
- ☐ im Land bestehende Gesetze beizubehalten.
- ☐ den Armen mehr Macht zu geben.

Frage Nr. 126

Was bekommen wahlberechtigte Bürger und Bürgerinnen in Deutschland vor einer Wahl?

- ☒ eine Wahlbenachrichtigung von der Gemeinde
- ☐ eine Wahlerlaubnis vom Bundespräsidenten / von der Bundespräsidentin
- ☐ eine Benachrichtigung von der Bundesversammlung
- ☐ eine Benachrichtigung vom Pfarramt

Frage Nr. 127

Warum gibt es die 5 %-Hürde im Wahlgesetz der Bundesrepublik
Deutschland? Es gibt sie, weil …

☐ die Programme von vielen kleinen Parteien viele Gemein-
samkeiten haben.
☐ die Bürger und Bürgerinnen bei vielen kleinen Parteien die
Orientierung verlieren können.
☒ viele kleine Parteien die Regierungsbildung erschweren.
☐ die kleinen Parteien nicht so viel Geld haben, um die
Politiker und Politikerinnen zu bezahlen.

Frage Nr. 128

Parlamentsmitglieder, die von den Bürgern und Bürgerinnen gewählt werden, nennt man …

☒ Abgeordnete.
☐ Kanzler / Kanzlerinnen.
☐ Botschafter / Botschafterinnen.
☐ Ministerpräsidenten / Ministerpräsidentinnen.

Frage Nr. 129

Vom Volk gewählt wird in Deutschland …

☐ der Bundeskanzler / die Bundeskanzlerin.
☐ der Ministerpräsident / die Ministerpräsidentin eines Bundeslandes.
☒ der Bundestag.
☐ der Bundespräsident / die Bundespräsidentin.

Frage Nr. 130

Welcher Stimmzettel wäre bei einer Bundestagswahl gültig?

☒ 1
☐ 2
☐ 3
☐ 4

Frage Nr. 131

In Deutschland ist ein Bürgermeister / eine Bürgermeisterin …

☐ der Leiter / die Leiterin einer Schule.
☐ der Chef / die Chefin einer Bank.
☒ das Oberhaupt einer Gemeinde.
☐ der / die Vorsitzende einer Partei.

Frage Nr. 132

Viele Menschen in Deutschland arbeiten in ihrer Freizeit ehrenamtlich. Was bedeutet das?

☐ Sie arbeiten als Soldaten / Soldatinnen.
☒ Sie arbeiten freiwillig und unbezahlt in Vereinen und Verbänden.
☐ Sie arbeiten in der Bundesregierung.
☐ Sie arbeiten in einem Krankenhaus und verdienen dabei Geld.

Frage Nr. 133

Was ist bei Bundestags- und Landtagswahlen in Deutschland erlaubt?

☐ Der Ehemann wählt für seine Frau mit.
☒ Man kann durch Briefwahl seine Stimme abgeben.
☐ Man kann am Wahltag telefonisch seine Stimme abgeben.
☐ Kinder ab dem Alter von 14 Jahren dürfen wählen.

Frage Nr. 134

Man will die Buslinie abschaffen, mit der Sie immer zur Arbeit fahren. Was können Sie machen, um die Buslinie zu erhalten?

☒ Ich beteilige mich an einer Bürgerinitiative für die Erhaltung der Buslinie oder gründe selber eine Initiative.
☐ Ich werde Mitglied in einem Sportverein und trainiere Radfahren.
☐ Ich wende mich an das Finanzamt, weil ich als Steuerzahler / Steuerzahlerin ein Recht auf die Buslinie habe.
☐ Ich schreibe einen Brief an das Forstamt der Gemeinde.

Frage Nr. 135

Wen vertreten die Gewerkschaften in Deutschland?

- ☐ große Unternehmen
- ☐ kleine Unternehmen
- ☐ Selbständige
- ☒ Arbeitnehmer und Arbeitnehmerinnen

Frage Nr. 136

Sie gehen in Deutschland zum Arbeitsgericht bei …

- ☐ falscher Nebenkostenabrechnung.
- ☒ ungerechtfertigter Kündigung durch Ihren Chef / Ihre Chefin.
- ☐ Problemen mit den Nachbarn / Nachbarinnen.
- ☐ Schwierigkeiten nach einem Verkehrsunfall.

Frage Nr. 137

Welches Gericht ist in Deutschland bei Konflikten in der
Arbeitswelt zuständig?

☐ das Familiengericht
☐ das Strafgericht
☒ das Arbeitsgericht
☐ das Amtsgericht

Frage Nr. 138

Was kann ich in Deutschland machen, wenn mir mein
Arbeitgeber / meine Arbeitgeberin zu Unrecht gekündigt hat?

☐ weiter arbeiten und freundlich zum Chef / zur Chefin sein
☐ ein Mahnverfahren gegen den Arbeitgeber / die
  Arbeitgeberin führen
☒ Kündigungsschutzklage erheben
☐ den Arbeitgeber / die Arbeitgeberin bei der Polizei anzeigen

Frage Nr. 139

Wann kommt es in Deutschland zu einem Prozess vor Gericht?
Wenn jemand …

☐ zu einer anderen Religion übertritt.
☒ eine Straftat begangen hat und angeklagt wird.
☐ eine andere Meinung als die der Regierung vertritt.
☐ sein Auto falsch geparkt hat und es abgeschleppt wird.

Frage Nr. 140

Was macht ein Schöffe / eine Schöffin in Deutschland?
Er / Sie …

☒ entscheidet mit Richtern / Richterinnen über Schuld
und Strafe.
☐ gibt Bürgern / Bürgerinnen rechtlichen Rat.
☐ stellt Urkunden aus.
☐ verteidigt den Angeklagten / die Angeklagte.

Frage Nr. 141

Wer berät in Deutschland Personen bei Rechtsfragen und vertritt
sie vor Gericht?

- ☒ ein Rechtsanwalt / eine Rechtsanwältin
- ☐ ein Richter / eine Richterin
- ☐ ein Schöffe / eine Schöffin
- ☐ ein Staatsanwalt / eine Staatsanwältin

Frage Nr. 142

Was ist die Hauptaufgabe eines Richters / einer Richterin in
Deutschland? Ein Richter / eine Richterin …

- ☐ vertritt Bürger und Bürgerinnen vor einem Gericht.
- ☒ arbeitet an einem Gericht und spricht Urteile.
- ☐ ändert Gesetze.
- ☐ betreut Jugendliche vor Gericht.

Frage Nr. 143

Ein Richter / eine Richterin in Deutschland gehört zur …

- ☒ Judikative.
- ☐ Exekutive.
- ☐ Operative.
- ☐ Legislative.

Frage Nr. 144

Ein Richter / eine Richterin gehört in Deutschland zur …

- ☐ vollziehenden Gewalt.
- ☒ rechtsprechenden Gewalt.
- ☐ planenden Gewalt.
- ☐ gesetzgebenden Gewalt.

Frage Nr. 145

In Deutschland wird die Staatsgewalt geteilt. Für welche Staatsgewalt arbeitet ein Richter / eine Richterin? Für die …

☒ Judikative.
☐ Exekutive.
☐ Presse.
☐ Legislative.

Frage Nr. 146

Wie nennt man in Deutschland ein Verfahren vor einem Gericht?

☐ Programm
☐ Prozedur
☐ Protokoll
☒ Prozess

Frage Nr. 147

Was ist die Arbeit eines Richters / einer Richterin in Deutschland?

- ☐ Deutschland regieren
- ☒ Recht sprechen
- ☐ Pläne erstellen
- ☐ Gesetze erlassen

Frage Nr. 148

Was ist eine Aufgabe der Polizei in Deutschland?

- ☐ das Land zu verteidigen
- ☐ die Bürgerinnen und Bürger abzuhören
- ☐ die Gesetze zu beschließen
- ☒ die Einhaltung von Gesetzen zu überwachen

Frage Nr. 149

Wer kann Gerichtsschöffe / Gerichtsschöffin in Deutschland
werden?

☐ alle in Deutschland geborenen Einwohner / Einwohnerinnen über 18 Jahre
☒ alle deutschen Staatsangehörigen älter als 24 und jünger als
   70 Jahre
☐ alle Personen, die seit mindestens 5 Jahren in Deutschland
   leben
☐ nur Personen mit einem abgeschlossenen Jurastudium

Frage Nr. 150

Ein Gerichtsschöffe / eine Gerichtsschöffin in Deutschland ist …

☐ der Stellvertreter / die Stellvertreterin des Stadtoberhaupts.
☒ ein ehrenamtlicher Richter / eine ehrenamtliche Richterin.
☐ ein Mitglied eines Gemeinderats.
☐ eine Person, die Jura studiert hat.

Frage Nr. 151

Wer baute die Mauer in Berlin?

☐ Großbritannien
☐ die Bundesrepublik Deutschland
☒ die DDR
☐ die USA

Frage Nr. 152

Wann waren die Nationalsozialisten mit Adolf Hitler in
Deutschland an der Macht?

☐ 1918 bis 1923
☐ 1932 bis 1950
☒ 1933 bis 1945
☐ 1945 bis 1989

Frage Nr. 153

Was war am 8. Mai 1945?

☐ Tod Adolf Hitlers
☐ Beginn des Berliner Mauerbaus
☐ Wahl von Konrad Adenauer zum Bundeskanzler
☑ Ende des Zweiten Weltkriegs in Europa

Frage Nr. 154

Wann war der Zweite Weltkrieg zu Ende?

☐ 1933
☑ 1945
☐ 1949
☐ 1961

Frage Nr. 155

Wann waren die Nationalsozialisten in Deutschland an der Macht?

☐ 1888 bis 1918
☐ 1921 bis 1934
☑ 1933 bis 1945
☐ 1949 bis 1963

Frage Nr. 156

In welchem Jahr wurde Hitler Reichskanzler?

☐ 1923
☐ 1927
☑ 1933
☐ 1936

Frage Nr. 157

Die Nationalsozialisten mit Adolf Hitler errichteten 1933 in Deutschland …

- ☒ eine Diktatur.
- ☐ einen demokratischen Staat.
- ☐ eine Monarchie.
- ☐ ein Fürstentum.

Frage Nr. 158

Das „Dritte Reich" war eine …

- ☒ Diktatur.
- ☐ Demokratie.
- ☐ Monarchie.
- ☐ Räterepublik.

Frage Nr. 159

Was gab es in Deutschland nicht während der Zeit des Nationalsozialismus?

☑ freie Wahlen
☐ Pressezensur
☐ willkürliche Verhaftungen
☐ Verfolgung der Juden

Frage Nr. 160

Welcher Krieg dauerte von 1939 bis 1945?

☐ der Erste Weltkrieg
☑ der Zweite Weltkrieg
☐ der Vietnamkrieg
☐ der Golfkrieg

Frage Nr. 161

Was kennzeichnete den NS-Staat? Eine Politik …

☒ des staatlichen Rassismus
☐ der Meinungsfreiheit
☐ der allgemeinen Religionsfreiheit
☐ der Entwicklung der Demokratie

Frage Nr. 162

Claus Schenk Graf von Stauffenberg wurde bekannt durch …

☐ eine Goldmedaille bei den Olympischen Spielen 1936.
☐ den Bau des Reichstagsgebäudes.
☐ den Aufbau der Wehrmacht.
☒ das Attentat auf Hitler am 20. Juli 1944.

Frage Nr. 163

In welchem Jahr zerstörten die Nationalsozialisten Synagogen und
jüdische Geschäfte in Deutschland?

☐ 1925
☐ 1930
☑ 1938
☐ 1945

Frage Nr. 164

Was passierte am 9. November 1938 in Deutschland?

☐ Mit dem Angriff auf Polen beginnt der Zweite Weltkrieg.
☐ Die Nationalsozialisten verlieren eine Wahl und lösen den
Reichstag auf.
☑ Jüdische Geschäfte und Synagogen werden durch National-
sozialisten und ihre Anhänger zerstört.
☐ Hitler wird Reichspräsident und lässt alle Parteien verbieten.

Frage Nr. 165

Wie hieß der erste Bundeskanzler der Bundesrepublik Deutschland?

☒ Konrad Adenauer
☐ Kurt Georg Kiesinger
☐ Helmut Schmidt
☐ Willy Brandt

Frage Nr. 166

Bei welchen Demonstrationen in Deutschland riefen die Menschen „Wir sind das Volk"?

☒ bei den Montagsdemonstrationen 1989 in der DDR
☐ beim Arbeiteraufstand 1953 in der DDR
☐ bei den Demonstrationen 1968 in der Bundesrepublik Deutschland
☐ bei den Anti-Atomkraft-Demonstrationen 1985 in der Bundesrepublik Deutschland

Frage Nr. 167

Welche Länder wurden nach dem Zweiten Weltkrieg in
Deutschland als „Alliierte Besatzungsmächte" bezeichnet?

- ☐ Sowjetunion, Großbritannien, Polen, Schweden
- ☐ Frankreich, Sowjetunion, Italien, Japan
- ☐ USA, Sowjetunion, Spanien, Portugal
- ☒ USA, Sowjetunion, Großbritannien, Frankreich

Frage Nr. 168

Welches Land war keine „Alliierte Besatzungsmacht" in
Deutschland?

- ☐ USA
- ☐ Sowjetunion
- ☐ Frankreich
- ☒ Japan

Frage Nr. 169

Wann wurde die Bundesrepublik Deutschland gegründet?

☐ 1939
☐ 1945
☒ 1949
☐ 1951

Frage Nr. 170

Was gab es während der Zeit des Nationalsozialismus in
Deutschland?

☐ das Recht zur freien Entfaltung der Persönlichkeit
☐ Pressefreiheit
☒ das Verbot von Parteien
☐ den Schutz der Menschenwürde

Frage Nr. 171

Soziale Marktwirtschaft bedeutet, die Wirtschaft ...

☐ steuert sich allein nach Angebot und Nachfrage.
☐ wird vom Staat geplant und gesteuert, Angebot und Nachfrage werden nicht berücksichtigt.
☐ richtet sich nach der Nachfrage im Ausland.
☒ richtet sich nach Angebot und Nachfrage, aber der Staat sorgt für einen sozialen Ausgleich.

Frage Nr. 172

In welcher Besatzungszone wurde die DDR gegründet? In der ...

☐ amerikanischen Besatzungszone.
☐ französischen Besatzungszone.
☐ britischen Besatzungszone.
☒ sowjetischen Besatzungszone.

Frage Nr. 173

Die Bundesrepublik Deutschland ist ein Gründungsmitglied ...

☐ des Nordatlantikpakts (NATO).
☐ der Vereinten Nationen (VN).
☒ der Europäischen Union (EU).
☐ des Warschauer Pakts.

Frage Nr. 174

Wann wurde die DDR gegründet?

☐ 1947
☒ 1949
☐ 1953
☐ 1956

Frage Nr. 175

Wie viele Besatzungszonen gab es in Deutschland nach dem
Zweiten Weltkrieg?

☐ 3
☒ 4
☐ 5
☐ 6

Frage Nr. 176

Wie waren die Besatzungszonen Deutschlands nach 1945 verteilt?

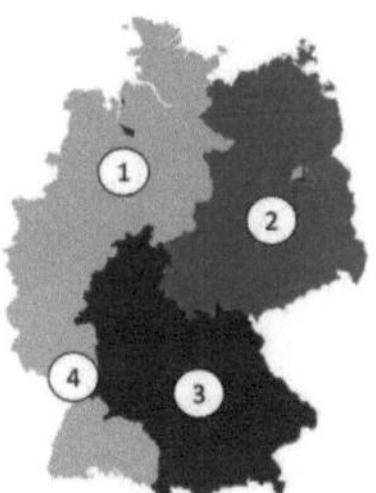

☐ 1=Großbritannien, 2=Sowjetunion, 3=Frankreich, 4=USA
☐ 1=Sowjetunion, 2=Großbritannien, 3=USA, 4=Frankreich
☒ 1=Großbritannien, 2=Sowjetunion, 3=USA, 4=Frankreich
☐ 1=Großbritannien, 2=USA, 3=Sowjetunion, 4=Frankreich

Frage Nr. 177

Welche deutsche Stadt wurde nach dem Zweiten Weltkrieg in vier Sektoren aufgeteilt?

- ☐ München
- ☑ Berlin
- ☐ Dresden
- ☐ Frankfurt/Oder

Frage Nr. 178

Vom Juni 1948 bis zum Mai 1949 wurden die Bürger und Bürgerinnen von West-Berlin durch eine Luftbrücke versorgt. Welcher Umstand war dafür verantwortlich?

- ☐ Für Frankreich war eine Versorgung der West-Berliner Bevölkerung mit dem Flugzeug kostengünstiger.
- ☐ Die amerikanischen Soldaten / Soldatinnen hatten beim Landtransport Angst vor Überfällen.
- ☐ Für Großbritannien war die Versorgung über die Luftbrücke schneller.
- ☑ Die Sowjetunion unterbrach den gesamten Verkehr auf dem Landwege.

Frage Nr. 179

Wie endete der Zweite Weltkrieg in Europa offiziell?

☐ mit dem Tod Adolf Hitlers
☒ durch die bedingungslose Kapitulation Deutschlands
☐ mit dem Rückzug der Deutschen aus den besetzten Gebieten
☐ durch eine Revolution in Deutschland

Frage Nr. 180

Der erste Bundeskanzler der Bundesrepublik Deutschland war ...

☐ Ludwig Erhard.
☐ Willy Brandt.
☒ Konrad Adenauer.
☐ Gerhard Schröder.

Frage Nr. 181

Was wollte Willy Brandt mit seinem
Kniefall 1970 im ehemaligen jüdischen
Ghetto in Warschau ausdrücken?

☐ Er hat sich den ehemaligen Alliierten unterworfen.
☒ Er bat Polen und die polnischen Juden um Vergebung.
☐ Er zeigte seine Demut vor dem Warschauer Pakt.
☐ Er sprach ein Gebet am Grab des Unbekannten Soldaten.

Frage Nr. 182

Welche Parteien wurden 1946 zwangsweise zur SED vereint, der
Einheitspartei der späteren DDR?

☒ KPD und SPD
☐ SPD und CDU
☐ CDU und FDP
☐ KPD und CSU

Frage Nr. 183

Wann war in der Bundesrepublik Deutschland das
„Wirtschaftswunder"?

- [ ] 40er Jahre
- [x] 50er Jahre
- [ ] 70er Jahre
- [ ] 80er Jahre

Frage Nr. 184

Was nannten die Menschen in Deutschland sehr lange
„Die Stunde Null"?

- [ ] Damit wird die Zeit nach der Wende im Jahr 1989
  bezeichnet.
- [ ] Damit wurde der Beginn des Zweiten Weltkrieges
  bezeichnet.
- [x] Darunter verstand man das Ende des Zweiten Weltkrieges
  und den Beginn des Wiederaufbaus.
- [ ] Damit ist die Stunde gemeint, in der die Uhr von der
  Sommerzeit auf die Winterzeit umgestellt wird.

Frage Nr. 185

Wofür stand der Ausdruck „Eiserner Vorhang"?
Für die Abschottung …

☒ des Warschauer Pakts gegen den Westen.
☐ Norddeutschlands gegen Süddeutschland.
☐ Nazi-Deutschlands gegen die Alliierten.
☐ Europas gegen die USA.

Frage Nr. 186

Im Jahr 1953 gab es in der DDR einen Aufstand, an den lange Zeit in der Bundesrepublik Deutschland ein Feiertag erinnerte. Wann war das?

☐ 1. Mai
☒ 17. Juni
☐ 20. Juli
☐ 9. November

Frage Nr. 187

Welcher deutsche Staat hatte eine schwarz-rot-goldene Flagge mit
Hammer, Zirkel und Ährenkranz?

- ☐ Preußen
- ☐ Bundesrepublik Deutschland
- ☒ DDR
- ☐ „Drittes Reich"

Frage Nr. 188

In welchem Jahr wurde die Mauer in Berlin gebaut?

- ☐ 1953
- ☐ 1956
- ☐ 1959
- ☒ 1961

Frage Nr. 189

Wann baute die DDR die Mauer in Berlin?

☐ 1919
☐ 1933
☒ 1961
☐ 1990

Frage Nr. 190

Was bedeutet die Abkürzung DDR?

☐ Dritter Deutscher Rundfunk
☐ Die Deutsche Republik
☐ Dritte Deutsche Republik
☒ Deutsche Demokratische Republik

Frage Nr. 191

Wann wurde die Mauer in Berlin für alle geöffnet?

☐ 1987
☑ 1989
☐ 1992
☐ 1995

Frage Nr. 192

Welches heutige deutsche Bundesland gehörte früher zum Gebiet der DDR?

☑ Brandenburg
☐ Bayern
☐ Saarland
☐ Hessen

Frage Nr. 193

Von 1961 bis 1989 war Berlin …

☐ ohne Bürgermeister.
☐ ein eigener Staat.
☒ durch eine Mauer geteilt.
☐ nur mit dem Flugzeug erreichbar.

Frage Nr. 194

Am 3. Oktober feiert man in Deutschland den Tag der Deutschen …

☒ Einheit.
☐ Nation.
☐ Bundesländer.
☐ Städte.

Frage Nr. 195

Welches heutige deutsche Bundesland gehörte früher zum Gebiet
der DDR?

☐ Hessen
☒ Sachsen-Anhalt
☐ Nordrhein-Westfalen
☐ Saarland

Frage Nr. 196

Warum nennt man die Zeit im Herbst 1989 in der DDR „Die
Wende"? In dieser Zeit veränderte sich die DDR politisch …

☒ von einer Diktatur zur Demokratie.
☐ von einer liberalen Marktwirtschaft zum Sozialismus.
☐ von einer Monarchie zur Sozialdemokratie.
☐ von einem religiösen Staat zu einem kommunistischen Staat.

Frage Nr. 197

Welches heutige deutsche Bundesland gehörte früher zum Gebiet
der DDR?

☒ Thüringen
☐ Hessen
☐ Bayern
☐ Bremen

Frage Nr. 198

Welches heutige deutsche Bundesland gehörte früher zum Gebiet
der DDR?

☐ Bayern
☐ Niedersachsen
☒ Sachsen
☐ Baden-Württemberg

Frage Nr. 199

Mit der Abkürzung „Stasi" meinte man in der DDR …

☐ das Parlament.
☒ das Ministerium für Staatssicherheit.
☐ eine regierende Partei.
☐ das Ministerium für Volksbildung.

Frage Nr. 200

Welches heutige deutsche Bundesland gehörte früher zum Gebiet
der DDR?

☐ Hessen
☐ Schleswig-Holstein
☒ Mecklenburg-Vorpommern
☐ Saarland

Frage Nr. 201

Welche der folgenden Auflistungen enthält nur Bundesländer, die zum Gebiet der früheren DDR gehörten?

- ☐ Niedersachsen, Nordrhein-Westfalen, Hessen, Schleswig-Holstein, Brandenburg
- ☒ Mecklenburg-Vorpommern, Brandenburg, Sachsen, Sachsen-Anhalt, Thüringen
- ☐ Bayern, Baden-Württemberg, Rheinland-Pfalz, Thüringen, Sachsen
- ☐ Sachsen, Thüringen, Hessen, Niedersachsen, Brandenburg

Frage Nr. 202

Zu wem gehörte die DDR im „Kalten Krieg"?

- ☐ zu den Westmächten
- ☒ zum Warschauer Pakt
- ☐ zur NATO
- ☐ zu den blockfreien Staaten

Frage Nr. 203

Wie hieß das Wirtschaftssystem der DDR?

☐ Marktwirtschaft
☑ Planwirtschaft
☐ Angebot und Nachfrage
☐ Kapitalismus

Frage Nr. 204

Wie wurden die Bundesrepublik Deutschland und die DDR zu einem Staat?

☐ Die Bundesrepublik Deutschland hat die DDR besetzt.
☑ Die heutigen fünf östlichen Bundesländer sind der Bundesrepublik Deutschland beigetreten.
☐ Die westlichen Bundesländer sind der DDR beigetreten.
☐ Die DDR hat die Bundesrepublik Deutschland besetzt.

Frage Nr. 205

Mit dem Beitritt der DDR zur Bundesrepublik Deutschland
gehören die neuen Bundesländer nun auch …

☒ zur Europäischen Union.
☐ zum Warschauer Pakt.
☐ zur OPEC.
☐ zur Europäischen Verteidigungsgemeinschaft.

Frage Nr. 206

Was bedeutete im Jahr 1989 in Deutschland das Wort
„Montagsdemonstration"?

☐ In der Bundesrepublik waren Demonstrationen nur am
Montag erlaubt.
☒ Montags waren Demonstrationen gegen das DDR-Regime.
☐ Am ersten Montag im Monat trafen sich in der
Bundesrepublik Deutschland Demonstranten.
☐ Montags demonstrierte man in der DDR gegen den Westen

Frage Nr. 207

In welchem Militärbündnis war die DDR Mitglied?

☐ in der NATO
☐ im Rheinbund
☒ im Warschauer Pakt
☐ im Europabündnis

Frage Nr. 208

Was war die „Stasi"?

☐ der Geheimdienst im „Dritten Reich"
☐ eine berühmte deutsche Gedenkstätte
☒ der Geheimdienst der DDR
☐ ein deutscher Sportverein während des Zweiten Weltkrieges

Frage Nr. 209

Welches war das Wappen der Deutschen Demokratischen Republik?

☐ 1
☐ 2
☐ 3
☒ 4

Frage Nr. 210

Was ereignete sich am 17. Juni 1953 in der DDR?

☐ der feierliche Beitritt zum Warschauer Pakt
☒ landesweite Streiks und ein Volksaufstand
☐ der 1. SED-Parteitag
☐ der erste Besuch Fidel Castros

Frage Nr. 211

Welcher Politiker steht für die „Ostverträge"?

☐ Helmut Kohl
☒ Willy Brandt
☐ Michail Gorbatschow
☐ Ludwig Erhard

Frage Nr. 212

Wie heißt Deutschland mit vollem Namen?

☐ Bundesstaat Deutschland
☐ Bundesländer Deutschland
☒ Bundesrepublik Deutschland
☐ Bundesbezirk Deutschland

Frage Nr. 213

Wie viele Einwohner hat Deutschland?

- ☐ 70 Millionen
- ☐ 78 Millionen
- ☒ 80 Millionen
- ☐ 90 Millionen

Frage Nr. 214

Welche Farben hat die deutsche Flagge?

- ☒ schwarz-rot-gold
- ☐ rot-weiß-schwarz
- ☐ schwarz-rot-grün
- ☐ schwarz-gelb-rot

Frage Nr. 215

Wer wird als „Kanzler der Deutschen Einheit" bezeichnet?

- ☐ Gerhard Schröder
- ☒ Helmut Kohl
- ☐ Konrad Adenauer
- ☐ Helmut Schmidt

Frage Nr. 216

Welches Symbol ist im Plenarsaal des Deutschen Bundestages zu sehen?

- ☐ die Fahne der Stadt Berlin.
- ☒ der Bundesadler.
- ☐ der Reichsadler.
- ☐ die Reichskrone.

Frage Nr. 217

In welchem Zeitraum gab es die Deutsche Demokratische Republik (DDR)?

☐ 1919 bis 1927
☐ 1933 bis 1945
☒ 1949 bis 1990
☐ 1945 bis 1961

Frage Nr. 218

Wie viele Bundesländer kamen bei der Wiedervereinigung 1990 zur Bundesrepublik Deutschland hinzu?

☐ 4
☒ 5
☐ 6
☐ 7

Frage Nr. 219

Die Bundesrepublik Deutschland hat die Grenzen von heute seit …

☐ 1933.
☐ 1949.
☐ 1971.
☒ 1990.

Frage Nr. 220

Der 27. Januar ist in Deutschland ein offizieller Gedenktag. Woran erinnert dieser Tag?

☐ an das Ende des Zweiten Weltkrieges
☐ an die Verabschiedung des Grundgesetzes
☐ an die Wiedervereinigung Deutschlands
☒ an die Opfer des Nationalsozialismus

Frage Nr. 221

Deutschland ist Mitglied des Schengener Abkommens. Was bedeutet das?

- ☒ Deutsche können in viele Länder Europas ohne Passkontrolle reisen.
- ☐ Alle Menschen können ohne Personenkontrolle in Deutschland einreisen.
- ☐ Deutsche können ohne Passkontrolle in jedes Land reisen.
- ☐ Deutsche können in jedem Land mit dem Euro bezahlen.

Frage Nr. 222

Welches Land ist ein Nachbarland von Deutschland?

- ☐ Ungarn
- ☐ Portugal
- ☐ Spanien
- ☒ Schweiz

Frage Nr. 223

Welches Land ist ein Nachbarland von Deutschland?

☐ Rumänien
☐ Bulgarien
☒ Polen
☐ Griechenland

Frage Nr. 224

Was bedeutet die Abkürzung EU?

☐ Europäische Unternehmen
☒ Europäische Union
☐ Einheitliche Union
☐ Euro Union

Frage Nr. 225

In welchem anderen Land gibt es eine große deutschsprachige
Bevölkerung?

☐ Tschechien
☐ Norwegen
☐ Spanien
☒ Österreich

Frage Nr. 226

Welche ist die Flagge der Europäischen Union?

Bild 1   Bild 2   Bild 3   Bild 4

☒ 2
☐ 1
☐ 4
☐ 3

Frage Nr. 227

Welches Land ist ein Nachbarland von Deutschland?

☐ Finnland
☑ Dänemark
☐ Norwegen
☐ Schweden

Frage Nr. 228

Wie wird der Beitritt der DDR zur Bundesrepublik Deutschland
im Jahr 1990 allgemein genannt?

☐ NATO-Osterweiterung
☐ EU-Osterweiterung
☐ Europäische Gemeinschaft
☑ Deutsche Wiedervereinigung

Frage Nr. 229

Welches Land ist ein Nachbarland von Deutschland?

☐ Spanien
☐ Bulgarien
☐ Norwegen
☒ Luxemburg

Frage Nr. 230

Das Europäische Parlament wird regelmäßig gewählt,
nämlich alle …

☒ 5 Jahre.
☐ 6 Jahre.
☐ 7 Jahre.
☐ 8 Jahre.

Frage Nr. 231

Was bedeutet der Begriff „europäische Integration"?

☐ Damit sind amerikanische Einwanderer in Europa gemeint.
☐ Der Begriff meint den Einwanderungsstopp nach Europa.
☐ Damit sind europäische Auswanderer in den USA gemeint.
☒ Der Begriff meint den Zusammenschluss europäischer Staaten zur EU.

Frage Nr. 232

Wer wird bei der Europawahl gewählt?

☐ die Europäische Kommission
☐ die Länder, die in die EU eintreten dürfen
☐ die europäische Verfassung
☒ die Abgeordneten des Europäischen Parlaments

Frage Nr. 233

Welches Land ist ein Nachbarland von Deutschland?

☒ Tschechien
☐ Bulgarien
☐ Griechenland
☐ Portugal

Frage Nr. 234

Wo ist der Sitz des Europäischen Parlaments?

☐ London
☐ Paris
☐ Berlin
☒ Straßburg

Frage Nr. 235

Der französische Staatspräsident François Mitterrand und der deutsche Bundeskanzler Helmut Kohl gedenken in Verdun gemeinsam der Toten beider Weltkriege. Welches Ziel der Europäischen Union wird bei diesem Treffen deutlich?

☐ Freundschaft zwischen England und Deutschland
☐ Reisefreiheit in alle Länder der EU
☒ Frieden und Sicherheit in den Ländern der EU
☐ einheitliche Feiertage in den Ländern der EU

Frage Nr. 236

Wie viele Mitgliedstaaten hat die EU heute?

☐ 21
☐ 23
☐ 25
☒ 27

Frage Nr. 237

2007 wurde das 50-jährige Jubiläum der „Römischen Verträge"
gefeiert. Was war der Inhalt der Verträge?

☐ Beitritt Deutschlands zur NATO
☒ Gründung der Europäischen Wirtschaftsgemeinschaft
(EWG)
☐ Verpflichtung Deutschlands zu Reparationsleistungen
☐ Festlegung der Oder-Neiße-Linie als Ostgrenze

Frage Nr. 238

An welchen Orten arbeitet das Europäische Parlament?

☐ Paris, London und Den Haag
☒ Straßburg, Luxemburg und Brüssel
☐ Rom, Bern und Wien
☐ Bonn, Zürich und Mailand

Frage Nr. 239

Durch welche Verträge schloss sich die Bundesrepublik
Deutschland mit anderen Staaten zur Europäischen
Wirtschaftsgemeinschaft zusammen?

☐ durch die „Hamburger Verträge"
☒ durch die „Römischen Verträge"
☐ durch die „Pariser Verträge"
☐ durch die „Londoner Verträge"

Frage Nr. 240

Seit wann bezahlt man in Deutschland mit dem Euro in bar?

☐ 1995
☐ 1998
☒ 2002
☐ 2005

Frage Nr. 241

Frau Seger bekommt ein Kind. Was muss sie tun, um Elterngeld zu erhalten?

☐ Sie muss an ihre Krankenkasse schreiben.
☐ Sie muss nichts tun, denn sie bekommt automatisch Elterngeld.
☒ Sie muss einen Antrag bei der Elterngeldstelle stellen.
☐ Sie muss das Arbeitsamt um Erlaubnis bitten.

Frage Nr. 242

Wer entscheidet, ob ein Kind in Deutschland in den Kindergarten geht?

☐ der Staat
☐ die Bundesländer
☒ die Eltern / die Erziehungsberechtigten
☐ die Schulen

Frage Nr. 243

Maik und Sybille wollen mit Freunden an ihrem deutschen
Wohnort eine Demonstration auf der Straße abhalten.
Was müssen sie vorher tun?

- ☐ Sie müssen nichts tun. Man darf in Deutschland jederzeit
  überall demonstrieren.
- ☒ Sie müssen die Demonstration anmelden.
- ☐ Sie können gar nichts tun, denn Demonstrationen sind in
  Deutschland grundsätzlich verboten.
- ☐ Maik und Sybille müssen einen neuen Verein gründen, weil
  nur Vereine demonstrieren dürfen.

Frage Nr. 244

Welchen Schulabschluss braucht man normalerweise, um an einer
Universität in Deutschland ein Studium zu beginnen?

- ☒ das Abitur
- ☐ ein Diplom
- ☐ die Prokura
- ☐ eine Gesellenprüfung

Frage Nr. 245

Wer darf in Deutschland nicht als Paar zusammenleben?

- ☐ Hans (20 Jahre) und Marie (19 Jahre)
- ☐ Tom (20 Jahre) und Klaus (45 Jahre)
- ☐ Sofie (35 Jahre) und Lisa (40 Jahre)
- ☒ Anne (13 Jahre) und Tim (25 Jahre)

Frage Nr. 246

Ab welchem Alter ist man in Deutschland volljährig?

- ☐ 16
- ☒ 18
- ☐ 19
- ☐ 21

Frage Nr. 247

Eine Frau ist schwanger. Sie ist kurz vor und nach der Geburt ihres Kindes vom Gesetz besonders beschützt. Wie heißt dieser Schutz?

☐ Elternzeit
☐ Geburtsvorbereitung
☒ Mutterschutz
☐ Wochenbett

Frage Nr. 248

Die Erziehung der Kinder ist in Deutschland vor allem Aufgabe …

☐ des Staates.
☒ der Eltern.
☐ der Großeltern.
☐ der Schulen.

Frage Nr. 249

Wer ist in Deutschland hauptsächlich verantwortlich für die Kindererziehung?

☐ der Staat
☑ die Eltern
☐ die Verwandten
☐ die Schulen

Frage Nr. 250

In Deutschland hat man die besten Chancen auf einen gut bezahlten Arbeitsplatz, wenn man …

☐ katholisch ist.
☑ gut ausgebildet ist.
☐ eine Frau ist.
☐ Mitglied einer Partei ist.

Frage Nr. 251

Wenn man in Deutschland ein Kind schlägt, ...

☐ geht das niemanden etwas an.
☐ geht das nur die Familie etwas an.
☐ kann man dafür nicht bestraft werden.
☒ kann man dafür bestraft werden.

Frage Nr. 252

In Deutschland ...

☒ darf man zur gleichen Zeit nur mit einem Partner / einer
Partnerin verheiratet sein.
☐ kann man mehrere Ehepartner / Ehepartnerinnen gleich-
zeitig haben.
☐ darf man nicht wieder heiraten, wenn man einmal
verheiratet war.
☐ darf eine Frau nicht wieder heiraten, wenn ihr Mann
gestorben ist.

Frage Nr. 253

Wo müssen Sie sich anmelden, wenn Sie in Deutschland
umziehen?

☒ beim Einwohnermeldeamt
☐ beim Standesamt
☐ beim Ordnungsamt
☐ beim Gewerbeamt

Frage Nr. 254

In Deutschland dürfen Ehepaare sich scheiden lassen. Meistens
müssen sie dazu das „Trennungsjahr" einhalten. Was bedeutet das?

☐ Der Scheidungsprozess dauert ein Jahr.
☐ Mann und Frau sind ein Jahr verheiratet, dann ist die
Scheidung möglich.
☐ Das Besuchsrecht für die Kinder gilt ein Jahr.
☒ Mann und Frau führen mindestens ein Jahr getrennt ihr
eigenes Leben. Danach ist die Scheidung möglich.

Frage Nr. 255

Bei Erziehungsproblemen können Eltern in Deutschland Hilfe
erhalten vom …

☐ Ordnungsamt.
☐ Schulamt.
☒ Jugendamt.
☐ Gesundheitsamt.

Frage Nr. 256

Ein Ehepaar möchte in Deutschland ein Restaurant eröffnen.
Was braucht es dazu unbedingt?

☐ eine Erlaubnis der Polizei
☐ eine Genehmigung einer Partei
☐ eine Genehmigung des Einwohnermeldeamts
☒ eine Gaststättenerlaubnis von der zuständigen Behörde

Frage Nr. 257

Eine erwachsene Frau möchte in Deutschland das Abitur
nachholen. Das kann sie an ...

- ☐ einer Hochschule.
- ☒ einem Abendgymnasium.
- ☐ einer Hauptschule.
- ☐ einer Privatuniversität.

Frage Nr. 258

Was darf das Jugendamt in Deutschland?

- ☐ Es entscheidet, welche Schule das Kind besucht.
- ☒ Es kann ein Kind, das geschlagen wird oder hungern muss,
  aus der Familie nehmen.
- ☐ Es bezahlt das Kindergeld an die Eltern.
- ☐ Es kontrolliert, ob das Kind einen Kindergarten besucht.

Frage Nr. 259

Das Berufsinformationszentrum BIZ bei der Bundesagentur für
Arbeit in Deutschland hilft bei der ...

☐ Rentenberechnung.
☑ Lehrstellensuche.
☐ Steuererklärung.
☐ Krankenversicherung.

Frage Nr. 260

In Deutschland hat ein Kind in der Schule ...

☐ Recht auf unbegrenzte Freizeit.
☐ Wahlfreiheit für alle Fächer.
☐ Anspruch auf Schulgeld.
☑ Anwesenheitspflicht.

Frage Nr. 261

Ein Mann möchte mit 30 Jahren in Deutschland sein Abitur
nachholen. Wo kann er das tun? An ...

☐ einer Hochschule
☑ einem Abendgymnasium
☐ einer Hauptschule
☐ einer Privatuniversität

Frage Nr. 262

Was bedeutet in Deutschland der Grundsatz der
Gleichbehandlung?

☑ Niemand darf z.B. wegen einer Behinderung benachteiligt
werden.
☐ Man darf andere Personen benachteiligen, wenn
ausreichende persönliche Gründe hierfür vorliegen.
☐ Niemand darf gegen Personen klagen, wenn sie
benachteiligt wurden.
☐ Es ist für alle Gesetz, benachteiligten Gruppen jährlich
Geld zu spenden.

Frage Nr. 263

In Deutschland sind Jugendliche ab 14 Jahren strafmündig. Das bedeutet: Jugendliche, die 14 Jahre und älter sind und gegen Strafgesetze verstoßen, …

☒ werden bestraft.
☐ werden wie Erwachsene behandelt.
☐ teilen die Strafe mit ihren Eltern.
☐ werden nicht bestraft.

Frage Nr. 264

Zu welchem Fest tragen Menschen in Deutschland bunte Kostüme und Masken?

☒ am Rosenmontag
☐ am Maifeiertag
☐ beim Oktoberfest
☐ an Pfingsten

Frage Nr. 265

Wohin muss man in Deutschland zuerst gehen, wenn man heiraten möchte?

☐ zum Einwohnermeldeamt
☐ zum Ordnungsamt
☐ zur Agentur für Arbeit
☒ zum Standesamt

Frage Nr. 266

Wann beginnt die gesetzliche Nachtruhe in Deutschland?

☐ wenn die Sonne untergeht
☒ um 22 Uhr
☐ wenn die Nachbarn schlafen gehen
☐ um 0 Uhr, Mitternacht

Frage Nr. 267

Eine junge Frau in Deutschland, 22 Jahre alt, lebt mit ihrem
Freund zusammen. Die Eltern der Frau finden das nicht gut,
weil ihnen der Freund nicht gefällt. Was können die Eltern tun?

- ☒ Sie müssen die Entscheidung der volljährigen Tochter
respektieren.
- ☐ Sie haben das Recht, die Tochter in die elterliche Wohnung
zurückzuholen.
- ☐ Sie können zur Polizei gehen und die Tochter anzeigen.
- ☐ Sie suchen einen anderen Mann für die Tochter.

Frage Nr. 268

Eine junge Frau will den Führerschein machen. Sie hat Angst vor
der Prüfung, weil ihre Muttersprache nicht Deutsch ist.
Was ist richtig?

- ☐ Sie muss mindestens zehn Jahre in Deutschland leben, bevor
sie den Führerschein machen kann.
- ☒ Sie kann die Theorie-Prüfung vielleicht in ihrer Muttersprache machen. Es gibt mehr als zehn Sprachen zur Auswahl.
- ☐ Wenn sie kein Deutsch kann, darf sie keinen Führerschein
haben.
- ☐ Sie muss den Führerschein in dem Land machen, in dem
man ihre Sprache spricht.

Frage Nr. 269

In Deutschland haben Kinder ab dem Alter von drei Jahren bis zur
Ersteinschulung einen Anspruch auf …

☐ monatliches Taschengeld.
☒ einen Kindergartenplatz.
☐ einen Platz in einem Sportverein.
☐ einen Ferienpass.

Frage Nr. 270

Die Volkshochschule in Deutschland ist eine Einrichtung …

☐ für den Religionsunterricht.
☐ nur für Jugendliche.
☒ zur Weiterbildung.
☐ nur für Rentner und Rentnerinnen.

Frage Nr. 271

Was ist in Deutschland ein Brauch zu Weihnachten?

☐ bunte Eier verstecken
☒ einen Tannenbaum schmücken
☐ sich mit Masken und Kostümen verkleiden
☐ Kürbisse vor die Tür stellen

Frage Nr. 272

Welche Lebensform ist in Deutschland nicht erlaubt?

☐ Mann und Frau sind geschieden und leben mit neuen
Partnern zusammen.
☐ Zwei Frauen leben zusammen.
☐ Ein alleinerziehender Vater lebt mit seinen zwei
Kindern zusammen.
☒ Ein Mann ist mit zwei Frauen zur selben Zeit verheiratet.

Frage Nr. 273

Bei Erziehungsproblemen gehen Sie in Deutschland …

☐ zum Arzt / zur Ärztin.
☐ zum Gesundheitsamt.
☐ zum Einwohnermeldeamt.
☒ zum Jugendamt.

Frage Nr. 274

Sie haben in Deutschland absichtlich einen Brief geöffnet, der an eine andere Person adressiert ist. Was haben Sie nicht beachtet?

☐ das Schweigerecht
☒ das Briefgeheimnis
☐ die Schweigepflicht
☐ die Meinungsfreiheit

Frage Nr. 275

Was braucht man in Deutschland für eine Ehescheidung?

☐ die Einwilligung der Eltern
☐ ein Attest eines Arztes / einer Ärztin
☐ die Einwilligung der Kinder
☑ die Unterstützung eines Anwalts / einer Anwältin

Frage Nr. 276

Was sollten Sie tun, wenn Sie von Ihrem Ansprechpartner / Ihrer Ansprechpartnerin in einer deutschen Behörde schlecht behandelt werden?

☐ Ich kann nichts tun.
☐ Ich muss mir diese Behandlung gefallen lassen.
☐ Ich drohe der Person.
☑ Ich kann mich beim Behördenleiter / bei der Behördenleiterin beschweren.

Frage Nr. 277

Eine Frau, die ein zweijähriges Kind hat, bewirbt sich in Deutschland um eine Stelle. Was ist ein Beispiel für Diskriminierung? Sie bekommt die Stelle nur deshalb nicht, weil sie …

☐ kein Englisch spricht.
☐ zu hohe Gehaltsvorstellungen hat.
☐ keine Erfahrungen in diesem Beruf hat.
☒ Mutter ist.

Frage Nr. 278

Ein Mann im Rollstuhl hat sich auf eine Stelle als Buchhalter beworben. Was ist ein Beispiel für Diskriminierung? Er bekommt die Stelle nur deshalb nicht, weil er …

☒ im Rollstuhl sitzt.
☐ keine Erfahrung hat.
☐ zu hohe Gehaltsvorstellungen hat.
☐ kein Englisch spricht.

Frage Nr. 279

In den meisten Mietshäusern in Deutschland gibt es eine „Hausordnung". Was steht in einer solchen „Hausordnung"? Sie nennt …

☐ Regeln für die Benutzung öffentlicher Verkehrsmittel.
☐ alle Mieter und Mieterinnen im Haus.
☒ Regeln, an die sich alle Bewohner und Bewohnerinnen
   halten müssen.
☐ die Adresse des nächsten Ordnungsamtes.

Frage Nr. 280

Wenn Sie sich in Deutschland gegen einen falschen Steuerbescheid
wehren wollen, müssen Sie …

☐ nichts machen.
☐ den Bescheid wegwerfen.
☒ Einspruch einlegen.
☐ warten, bis ein anderer Bescheid kommt.

Frage Nr. 281

Zwei Freunde wollen in ein öffentliches Schwimmbad in Deutschland. Beide haben eine dunkle Hautfarbe und werden deshalb nicht hineingelassen. Welches Recht wird in dieser Situation verletzt? Das Recht auf ...

- ☐ Meinungsfreiheit
- ☒ Gleichbehandlung
- ☐ Versammlungsfreiheit
- ☐ Freizügigkeit

Frage Nr. 282

Welches Ehrenamt müssen deutsche Staatsbürger / Staatsbürgerinnen übernehmen, wenn sie dazu aufgefordert werden?

- ☐ Vereinstrainer / Vereinstrainerin
- ☐ Bibliotheksaufsicht
- ☒ Wahlhelfer / Wahlhelferin
- ☐ Lehrer / Lehrerin

Frage Nr. 283

Was tun Sie, wenn Sie eine falsche Rechnung von einer deutschen
Behörde bekommen?

☐ Ich lasse die Rechnung liegen.
☒ Ich lege Widerspruch bei der Behörde ein.
☐ Ich schicke die Rechnung an die Behörde zurück.
☐ Ich gehe mit der Rechnung zum Finanzamt.

Frage Nr. 284

Was man für die Arbeit können muss, ändert sich in der Zukunft
sehr schnell. Was kann man tun?

☐ Es ist egal, was man lernt.
☐ Kinder lernen in der Schule alles, was im Beruf wichtig ist.
   Nach der Schule muss man nicht weiter lernen.
☒ Erwachsene müssen auch nach der Ausbildung immer
   weiter lernen.
☐ Alle müssen früher aufhören zu arbeiten, weil sich alles
   ändert.

Frage Nr. 285

Frau Frost arbeitet als fest angestellte Mitarbeiterin in einem Büro. Was muss sie nicht von ihrem Gehalt bezahlen?

☒ Umsatzsteuer
☐ Lohnsteuer
☐ Beiträge zur Arbeitslosenversicherung
☐ Beiträge zur Renten- und Krankenversicherung

Frage Nr. 286

Welche Organisation in einer Firma hilft den Arbeitnehmern und Arbeitnehmerinnen bei Problemen mit dem Arbeitgeber / der Arbeitgeberin?

☒ der Betriebsrat
☐ der Betriebsprüfer / die Betriebsprüferin
☐ die Betriebsgruppe
☐ das Betriebsmanagement

Frage Nr. 287

Sie möchten bei einer Firma in Deutschland Ihr Arbeitsverhältnis
beenden. Was müssen Sie beachten?

- ☐ die Gehaltszahlungen
- ☐ die Arbeitszeit
- ☒ die Kündigungsfrist
- ☐ die Versicherungspflicht

Frage Nr. 288

Bei welchem Amt muss man in Deutschland in der Regel seinen
Hund anmelden?

- ☐ beim Finanzamt
- ☐ beim Einwohnermeldeamt
- ☒ bei der Kommune (Stadt oder Gemeinde)
- ☐ beim Gesundheitsamt

Frage Nr. 289

Ein Mann mit dunkler Hautfarbe bewirbt sich um eine Stelle als Kellner in einem Restaurant in Deutschland. Was ist ein Beispiel für Diskriminierung? Er bekommt die Stelle nur deshalb nicht, weil …

☐ seine Deutschkenntnisse zu gering sind.
☐ er zu hohe Gehaltsvorstellungen hat.
☒ er eine dunkle Haut hat.
☐ er keine Erfahrungen im Beruf hat.

Frage Nr. 290

Sie haben in Deutschland einen Fernseher gekauft. Zu Hause packen Sie den Fernseher aus, doch er funktioniert nicht. Der Fernseher ist kaputt. Was können Sie machen?

☐ eine Anzeige schreiben
☒ den Fernseher reklamieren
☐ das Gerät ungefragt austauschen
☐ die Garantie verlängern

Frage Nr. 291

Warum muss man in Deutschland bei der Steuererklärung
aufschreiben, ob man zu einer Kirche gehört oder nicht?
Weil …

☐ das für die Statistik in Deutschland wichtig ist.
☒ es eine Kirchensteuer gibt, die an die Einkommen- und
Lohnsteuer geknüpft ist.
☐ man mehr Steuern zahlen muss, wenn man nicht zu einer
Kirche gehört.
☐ die Kirche für die Steuererklärung verantwortlich ist.

Frage Nr. 292

Die Menschen in Deutschland leben nach dem Grundsatz der
religiösen Toleranz. Was bedeutet das?

☐ Es dürfen keine Moscheen gebaut werden.
☐ Alle Menschen glauben an Gott.
☒ Jeder kann glauben, was er möchte.
☐ Der Staat entscheidet, an welchen Gott die Menschen
glauben.

Frage Nr. 293

Was ist in Deutschland ein Brauch an Ostern?

☐ Kürbisse vor die Tür stellen
☐ einen Tannenbaum schmücken
☒ Eier bemalen
☐ Raketen in die Luft schießen

Frage Nr. 294

Pfingsten ist ein ...

☒ christlicher Feiertag.
☐ deutscher Gedenktag.
☐ internationaler Trauertag.
☐ bayerischer Brauch.

Frage Nr. 295

Welche Religion hat die europäische und deutsche Kultur geprägt?

☐ der Hinduismus
☒ das Christentum
☐ der Buddhismus
☐ der Islam

Frage Nr. 296

In Deutschland nennt man die letzten vier Wochen vor
Weihnachten …

☐ den Buß- und Bettag.
☐ das Erntedankfest.
☒ die Adventszeit.
☐ Allerheiligen.

Frage Nr. 297

Aus welchem Land sind die meisten Migranten / Migrantinnen nach Deutschland gekommen?

☐ Italien
☐ Polen
☐ Marokko
☒ Türkei

Frage Nr. 298

In der DDR lebten vor allem Migranten aus …

☒ Vietnam, Polen, Mosambik.
☐ Frankreich, Rumänien, Somalia.
☐ Chile, Ungarn, Simbabwe.
☐ Nordkorea, Mexiko, Ägypten.

Frage Nr. 299

Ausländische Arbeitnehmer und Arbeitnehmerinnen, die in den 50er und 60er Jahren von der Bundesrepublik Deutschland angeworben wurden, nannte man …

- ☐ Schwarzarbeiter / Schwarzarbeiterinnen
- ☒ Gastarbeiter / Gastarbeiterinnen
- ☐ Zeitarbeiter / Zeitarbeiterinnen
- ☐ Schichtarbeiter / Schichtarbeiterinnen

Frage Nr. 300

Aus welchem Land kamen die ersten Gastarbeiter / Gastarbeiterinnen in die Bundesrepublik Deutschland?

- ☒ Italien
- ☐ Spanien
- ☐ Portugal
- ☐ Türkei

Frage Nr. 300

Aus welchem Land kamen die ersten Gastarbeiter / Gastarbeiterinnen in die Bundesrepublik Deutschland?

☒ Italien
☐ Spanien
☐ Portugal
☐ Türkei

Die ersten Gastarbeiter und Gastarbeiterinnen, die in die Bundesrepublik Deutschland kamen, kamen aus Italien. Nach dem Zweiten Weltkrieg benötigte Deutschland dringend Arbeitskräfte, um den Wiederaufbau der Wirtschaft zu unterstützen. In Italien herrschte zu dieser Zeit eine hohe Arbeitslosigkeit und viele Menschen waren bereit, im Ausland zu arbeiten.

Im Jahr 1955 unterzeichneten Deutschland und Italien ein Abkommen zur Anwerbung von italienischen Gastarbeitern und Gastarbeiterinnen. Die italienischen Gastarbeiter arbeiteten in verschiedenen Branchen, insbesondere in der Industrie und im Bergbau, und wurden von deutschen Unternehmen angestellt.

Die italienischen Gastarbeiter waren oft unter schwierigen Bedingungen tätig und hatten keine gleichen Rechte wie deutsche Arbeitnehmer und Arbeitnehmerinnen. Sie waren oft mit Diskriminierung und Vorurteilen konfrontiert und lebten oft in schlechten Wohnverhältnissen.

Die 10 ! neuen Fragen 2024

Frage Nr. 301

Vor wie vielen Jahren gab es erstmals eine jüdische Gemeinde auf
dem Gebiet des heutigen Deutschlands?

☐ vor etwa 300 Jahren
☐ vor etwa 700 Jahren
☐ vor etwa 1150 Jahren
☒ vor etwa 1700 Jahren

Über die Anfänge jüdischen Lebens auf deutschem Gebiet lässt
sich nur spekulieren.

Erstmals erwähnt werden sie in einem römischen Erlass aus dem
Jahr 321 an den Statthalter in „Colonia", dem heutigen Köln.

Damit leben Jüdinnen und Juden im Jahr 2021 seit mindestens
1.700 Jahren auf dem Gebiet des heutigen Deutschlands

Frage Nr. 302

Wer darf bei den rund 40 jüdischen Makkabi-Sportvereinen
Mitglied werden?

☐ nur Deutsche
☐ nur Israelis
☐ nur religiöse Menschen
☒ alle Menschen

Bei den rund 40 jüdischen Makkabi-Sportvereinen in Deutschland darf grundsätzlich jeder Mitglied werden, unabhängig von
Religion oder Herkunft.

Makkabi Deutschland, Teil der internationalen Makkabi-Bewe-
gung, steht für Sport, Fairness und Toleranz und fördert den inter-
kulturellen und interreligiösen Dialog.

Die Vereine sind offen für alle, die sich den Werten der Bewegung
verbunden fühlen und Teil einer Gemeinschaft sein möchten, die
Sport als Mittel zur Verständigung und zum Brückenbau zwischen
verschiedenen Kulturen und Religionen sieht.

Frage Nr. 303

Welche Städte haben die größten jüdischen Gemeinden in
Deutschland?

☑ Berlin und München
☐ Hamburg und Essen
☐ Nürnberg und Stuttgart
☐ Worms und Speyer

Die größten jüdischen Gemeinden in Deutschland befinden sich
in den größeren Städten, wo über die Jahre hinweg bedeutende
jüdische Zentren entstanden sind.

Zu den Städten mit den größten jüdischen Gemeinden zählen:

Berlin:
Als Hauptstadt Deutschlands beherbergt Berlin die größte jüdische
Gemeinde des Landes. Die Stadt hat eine reiche jüdische Geschichte und Kultur, die bis in das Mittelalter zurückreicht. Heute ist die
jüdische Gemeinde in Berlin sehr aktiv und vielfältig, mit zahlreichen Synagogen, Schulen, kulturellen Einrichtungen und einem
jüdischen Museum.

München:
Auch München verfügt über eine große und aktive jüdische Gemeinde. Die Stadt hat in den letzten Jahrzehnten einen Anstieg
jüdischer Einwohner erlebt und beherbergt mehrere Synagogen,
jüdische Schulen und ein jüdisches Zentrum, das als sozialer und
kultureller Treffpunkt dient.

Frage Nr. 304

Wie heißt das jüdische Gebetshaus?

☐ Basilika
☐ Moschee
☒ Synagoge
☐ Kirche

Das jüdische Gebetshaus wird als Synagoge bezeichnet.

Eine Synagoge dient als zentraler Ort für Gottesdienste, Gebete, religiöse Studien sowie als Treffpunkt der jüdischen Gemeinde.

Im Inneren einer Synagoge befindet sich der Toraschrein (Aron Hakodesch), der die Torarollen enthält, das zentrale Heiligtum des Judentums.

Vor dem Schrein steht das Pult (Bima oder Almemor), von dem aus die Torah gelesen wird.

Synagogen können in Größe, Stil und Architektur variieren, aber sie alle dienen dem Zweck der Anbetung, des Lernens und der Gemeinschaft.

Die Bezeichnung „Synagoge" stammt aus dem Griechischen und bedeutet „Versammlung" oder „Ort der Versammlung", was ihre Funktion als Gemeindezentrum unterstreicht.

Frage Nr. 305

Auf welcher rechtlichen Grundlage wurde der Staat Israel gegründet?

☒ eine Resolution der Vereinten Nationen
☐ ein Beschluss des Zionistenkongresses
☐ ein Vorschlag der Bundesregierung
☐ ein Vorschlag der UdSSR

Die Gründung des Staates Israel im Jahr 1948 fußt auf der Resolution 181 der Vereinten Nationen, auch bekannt als der UN-Teilungsplan für Palästina.

Diese Resolution, die im November 1947 von der UN-Generalversammlung verabschiedet wurde, empfahl die Aufteilung des britischen Mandatsgebiets Palästina in einen unabhängigen jüdischen und einen arabischen Staat, mit einem international verwalteten Sonderstatus für Jerusalem.

Trotz der Ablehnung durch die arabischen Staaten und die arabische Bevölkerung in Palästina, erklärte David Ben-Gurion am 14. Mai 1948, am Vorabend des Endes des britischen Mandats, die Unabhängigkeit Israels, gestützt auf die Empfehlungen der UN-Resolution.

Dies markierte die rechtliche und politische Geburtsstunde des Staates Israel.

Frage Nr. 306

Woraus begründet sich Deutschlands besondere Verantwortung
für Israel?

☐ aus der Mitgliedschaft in der Europäischen Union (EU)
☒ aus den nationalsozialistischen Verbrechen
☐ aus dem Grundgesetz der Bundesrepublik Deutschland
☐ aus der christlichen Tradition

Deutschlands besondere Verantwortung für Israel begründet sich
vor allem aus den Verbrechen des Nationalsozialismus während
des Zweiten Weltkriegs.

Unter der Herrschaft Adolf Hitlers und der Nationalsozialisten
wurden sechs Millionen Juden ermordet – ein Genozid, bekannt
als die Shoah oder der Holocaust. Dieses dunkle Kapitel der Geschichte stellt eine tiefe Zäsur in den Beziehungen zwischen Juden
und Deutschen dar und hat das Bewusstsein und die politischen
Entscheidungen Deutschlands nach dem Krieg nachhaltig geprägt.

In der Nachkriegszeit hat Deutschland diese historische Schuld
anerkannt und sich zu einer besonderen Verantwortung gegenüber dem jüdischen Volk und dem 1948 gegründeten Staat Israel
bekannt.

Dies äußert sich in vielfältiger Weise, darunter die diplomatische
Unterstützung Israels, die Förderung der deutsch-israelischen
Beziehungen, umfassende Wiedergutmachungsleistungen und das
kontinuierliche Engagement für die Erinnerung an den Holocaust
und die Bekämpfung von Antisemitismus.

Frage Nr. 307

Was ist ein Beispiel für antisemitisches Verhalten?

☐ ein jüdisches Fest besuchen
☐ die israelische Regierung kritisieren
☒ den Holocaust leugnen
☐   gegen Juden Fußball spielen

Ein Beispiel für antisemitisches Verhalten ist die Leugnung des Holocausts.

Dies umfasst jegliche Behauptungen oder Aussagen, die die systematische Verfolgung und Ermordung von sechs Millionen Juden durch das nationalsozialistische Regime während des Zweiten Weltkriegs abstreiten, verharmlosen oder rechtfertigen.

Die Holocaustleugnung zielt darauf ab, die historische Wahrheit zu verzerren und die Gräueltaten des Nationalsozialismus zu relativieren.

Sie stellt nicht nur eine extreme Form des Antisemitismus dar, sondern untergräbt auch die Erinnerung an die Opfer und die Lehren, die aus dieser dunklen Zeit der Geschichte gezogen wurden.

In vielen Ländern, einschließlich Deutschlands, ist die Leugnung des Holocausts gesetzlich verboten und wird als Straftat verfolgt.

Frage Nr. 308

Woran erinnern die sogenannten Stolpersteine in Deutschland?

- ☐ an berühmte deutsche Politikerinnen und Politiker
- ☒ an die Opfer des Nationalsozialismus
- ☐ an Verkehrstote
- ☐ an bekannte jüdische Musiker

Die sogenannten Stolpersteine in Deutschland sind ein Mahnmal-Projekt, das an die Opfer des Nationalsozialismus erinnert.

Sie werden in den Gehwegen vor den letzten frei gewählten Wohn-orten der Opfer eingelassen. Jeder Stolperstein ist eine kleine Messingplatte auf einem Betonblock, auf der Name, Geburtsjahr, Schicksal und das Datum der Deportation oder Ermordung der betreffenden Person eingraviert sind.

Das Projekt, initiiert vom Künstler Gunter Demnig im Jahr 1992, zielt darauf ab, den Opfern – Juden, Sinti und Roma, politischen Gefangenen, Homosexuellen, Zeugen Jehovas und anderen – ein individuelles Gedenken zurückzugeben und die Erinnerung an die Gräueltaten des Holocaust im öffentlichen Raum präsent zu halten.

Die Stolpersteine laden Passanten ein, innezuhalten und sich mit der Geschichte der Personen, die einst Teil ihrer Gemeinde waren, auseinanderzusetzen.

Frage Nr. 309

Wie kann jemand, der den Holocaust leugnet, bestraft werden?

☐ Kürzung sozialer Leistungen
☐ bis zu 100 Sozialstunden
☐ gar nicht, Holocaustleugnung ist erlaubt
☒ mit Freiheitsstrafe bis zu fünf Jahren oder mit Geldstrafe

In Deutschland und in einigen anderen Ländern kann die Leugnung des Holocausts strafrechtlich verfolgt werden.

Dies ist in Deutschland durch § 130 Abs. 3 des Strafgesetzbuches (StGB) geregelt, der die öffentliche Billigung, Leugnung oder grobe Verharmlosung von unter der Herrschaft des Nationalsozialismus begangenen Völkermordhandlungen unter Strafe stellt, sofern dies in einer Weise geschieht, die geeignet ist, den öffentlichen Frieden zu stören.

Personen, die den Holocaust leugnen, können mit einer Freiheitsstrafe von bis zu fünf Jahren oder mit Geldstrafen belegt werden.

Diese gesetzliche Regelung spiegelt die Ernsthaftigkeit wider, mit der Deutschland seine historische Verantwortung nimmt, und dient dem Schutz der Erinnerung an die Opfer sowie der Prävention von Hass und Antisemitismus.

Frage Nr. 310

Welche Handlung mit Bezug auf den Staat Israel ist in Deutschland verboten?

☐ die Politik Israels öffentlich kritisieren
☐ das Aufhängen einer israelischen Flagge auf dem Privatgrundstück
☐ eine Diskussion über die Politik Israels
☒ der öffentliche Aufruf zur Vernichtung Israels

In Deutschland ist der öffentliche Aufruf zur Vernichtung Israels verboten.

Solche Handlungen können unter das Verbot der Volksverhetzung fallen, wie es im § 130 des Strafgesetzbuches (StGB) festgelegt ist.

Dies umfasst Aussagen, die zum Hass gegen Teile der Bevölkerung aufstacheln, zu Gewalt- oder Willkürmaßnahmen auffordern oder die Menschenwürde anderer angreifen, indem sie Teile der Bevölkerung beschimpfen, böswillig verächtlich machen oder verleumden.

Der öffentliche Aufruf zur Vernichtung Israels wird als eine Form des Antisemitismus betrachtet und steht im Widerspruch zu den Werten der Demokratie und der Menschenrechte, die in Deutschland hochgehalten werden.

Der Länderteil

Schleswig-Holstein
Hamburg
Mecklenburg-Vorpommern
Bremen
Brandenburg
Niedersachsen
Berlin
Sachsen-Anhalt
Nordrhein-Westfalen
Sachsen
Thüringen
Hessen
Rheinland-Pfalz
Saarland
Bayern
Baden-Württemberg

Baden-Württemberg ist ein Bundesland im Südwesten Deutschlands mit einer Fläche von 35.751 Quadratkilometern und einer Bevölkerung von etwa 11,1 Millionen Menschen. Die Hauptstadt von Baden-Württemberg ist Stuttgart.

Geschichte: Baden-Württemberg wurde 1952 durch den Zusammenschluss der ehemaligen Länder Baden, Württemberg-Baden und Württemberg-Hohenzollern gegründet. Die Region hat eine lange Geschichte, die bis in die Antike zurückreicht.

Kultur: Baden-Württemberg hat eine reiche Kultur- und Kunstszene, einschließlich Theater, Musik, Literatur und Kunst. Die Stadt Heidelberg ist bekannt für ihre historische Altstadt und das Schloss Heidelberg. In Stuttgart gibt es zahlreiche Museen, darunter das Kunstmuseum und das Landesmuseum Württemberg. Die Stadt Freiburg im Breisgau ist bekannt für ihre mittelalterliche Altstadt und die Freiburger Münster.

Wirtschaft: Baden-Württemberg hat eine der stärksten Wirtschaften in Deutschland und ist bekannt für seine Automobil- und Maschinenbauindustrie. Das Bundesland ist auch ein wichtiger Standort für Unternehmen in den Bereichen Elektrotechnik, Medizintechnik und erneuerbare Energien.

Politik: Das Land Baden-Württemberg hat eine eigene Landesregierung und ein eigenes Parlament.

Sehenswürdigkeiten: Zu den bekanntesten Sehenswürdigkeiten in Baden-Württemberg gehören das Schloss Heidelberg, die Klosteranlage Maulbronn, das Kloster und die Basilika St. Ulrich und Afra in Augsburg, die Barockstadt Ludwigsburg und die historischen Städte Tübingen und Freiburg im Breisgau. Die Region ist auch bekannt für ihre zahlreichen Schlösser und Burgen, darunter das Schloss Hohenzollern und die Burg Hohennauffen.

Frage Nr. 1
Welches Wappen gehört zum Bundesland Baden-Württemberg?

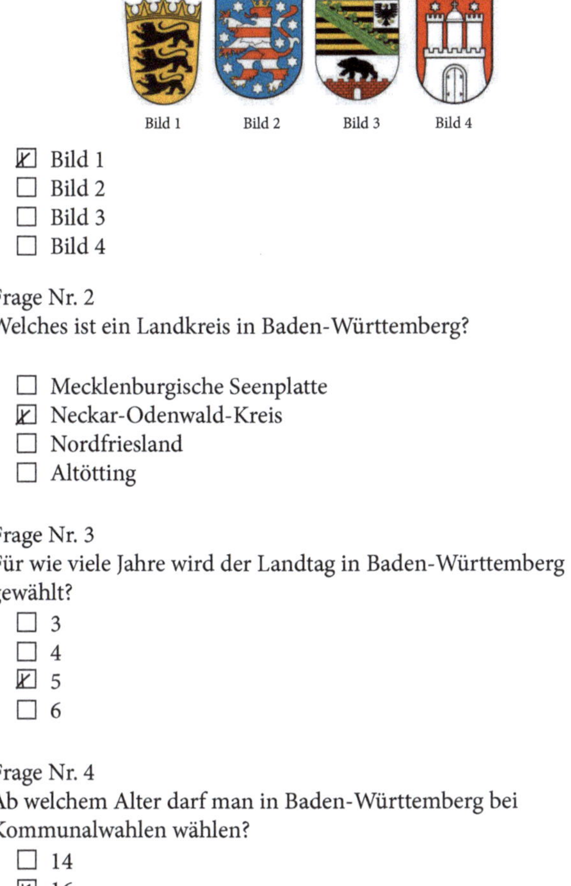

☒ Bild 1
☐ Bild 2
☐ Bild 3
☐ Bild 4

Frage Nr. 2
Welches ist ein Landkreis in Baden-Württemberg?

☐ Mecklenburgische Seenplatte
☒ Neckar-Odenwald-Kreis
☐ Nordfriesland
☐ Altötting

Frage Nr. 3
Für wie viele Jahre wird der Landtag in Baden-Württemberg
gewählt?

☐ 3
☐ 4
☒ 5
☐ 6

Frage Nr. 4
Ab welchem Alter darf man in Baden-Württemberg bei
Kommunalwahlen wählen?

☐ 14
☒ 16
☐ 18
☐ 20

Frage Nr. 5
Welche Farben hat die Landesflagge von Baden-Württemberg?

- ☐ blau-weiß-rot
- ☒ schwarz-gold
- ☐ weiß-blau
- ☐ grün-weiß-rot

Frage Nr. 6
Wo können Sie sich in Baden-Württemberg über politische
Themen informieren?
- ☐ beim Ordnungsamt der Gemeinde
- ☐ bei der Verbraucherzentrale
- ☒ bei der Landeszentrale für politische Bildung
- ☐ bei den Kirchen

Frage Nr. 7
Die Landeshauptstadt von Baden-Württemberg heißt …

- ☐ Heidelberg.
- ☒ Stuttgart.
- ☐ Karlsruhe.
- ☐ Mannheim.

Frage Nr. 8
Welches Bundesland ist Bundesland Baden-Württemberg?

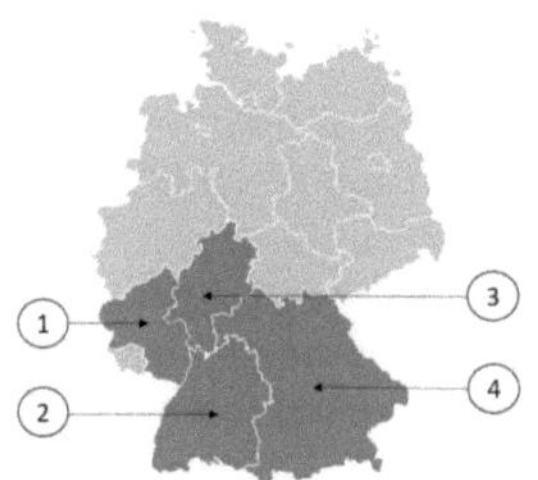

☐ 1
☒ 2
☐ 3
☐ 4

Frage Nr. 9
Wie nennt man die Regierungschefin/den Regierungschef in
Baden-Württemberg?
    ☐ Erste Ministerin/Erster Minister
    ☐ Premierministerin/Premierminister
    ☐ Bürgermeisterin/Bürgermeister
    ☒ Ministerpräsidentin/Ministerpräsident

Frage Nr. 10
Welche Ministerin/welchen Minister hat Baden-Württemberg
nicht?
    ☐ Finanzministerin/Finanzminister
    ☐ Justizministerin/Justizminister
    ☐ Innenministerin/Innenminister
    ☒ Außenministerin/Außenminister

Bayern ist ein Bundesland im Südosten Deutschlands mit einer Fläche von 70.550 Quadratkilometern und einer Bevölkerung von etwa 13,1 Millionen Menschen. Die Hauptstadt von Bayern ist München.

Geschichte: Bayern hat eine lange Geschichte, die bis in die Antike zurückreicht. Im Mittelalter war Bayern ein wichtiger Bestandteil des Heiligen Römischen Reiches und wurde später ein Königreich. Im 20. Jahrhundert spielte Bayern eine wichtige Rolle in der deutschen Geschichte, insbesondere während der Zeit des Nationalsozialismus.

Kultur: Bayern hat eine reiche Kultur- und Kunstszene, einschließlich Theater, Musik, Literatur und Kunst. München ist bekannt für seine zahlreichen Museen, darunter die Pinakotheken und das Deutsche Museum. Die Stadt ist auch bekannt für ihre traditionellen Bierhallen und das jährliche Oktoberfest. In der Region gibt es viele historische Städte und Dörfer, darunter Rothenburg ob der Tauber und Bamberg.

Wirtschaft: Bayern hat eine starke Wirtschaft und ist ein wichtiger Standort für Unternehmen in den Bereichen Automobil- und Maschinenbau, Elektrotechnik und Informationstechnologie. Die Region ist auch ein wichtiger Standort für die Produktion von Bier und anderen Lebensmitteln.

Politik: Das Land Bayern hat eine eigene Landesregierung und ein eigenes Parlament.

Sehenswürdigkeiten: Zu den bekanntesten Sehenswürdigkeiten in Bayern gehören das Schloss Neuschwanstein, das Schloss Nymphenburg und die Frauenkirche in München, die Würzburger Residenz und der Königssee in den Alpen. Es gibt auch viele historische Städte und Dörfer in der Region, darunter Regensburg, Passau und Füssen. Die Region ist auch bekannt für ihre zahlreichen Schlösser und Burgen, darunter die Burg Trausnitz und die Burg Burghausen.

Frage Nr. 1
Welches Wappen gehört zum Freistaat Bayern?

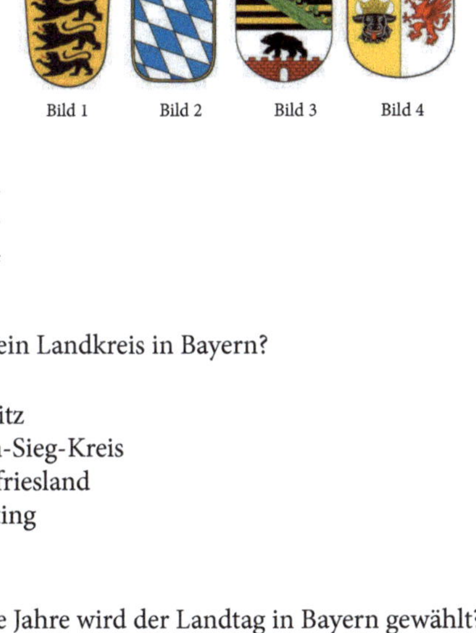

☐ Bild 1
☑ Bild 2
☐ Bild 3
☐ Bild 4

Frage Nr. 2
Welches ist ein Landkreis in Bayern?

☐ Prignitz
☐ Rhein-Sieg-Kreis
☐ Nordfriesland
☑ Altötting

Frage Nr. 3
Für wie viele Jahre wird der Landtag in Bayern gewählt?

☐ 3
☐ 4
☑ 5
☐ 6

Frage Nr. 4
Ab welchem Alter darf man in Bayern bei
Kommunalwahlen wählen?

☐ 14
☐ 16
☑ 18
☐ 20

Frage Nr. 5
Welche Farben hat die Landesflagge von Bayern?

- ☐ blau-weiß-rot
- ☒ weiß-blau
- ☐ grün-weiß-rot
- ☐ schwarz-gelb

Frage Nr. 6
Wo können Sie sich in Bayern über politische Themen informieren?

- ☐ beim Ordnungsamt der Gemeinde
- ☒ bei der Landeszentrale für politische Bildung
- ☐ bei der Verbraucherzentrale
- ☐ bei den Kirchen

Frage Nr. 7
Die Landeshauptstadt von Bayern heißt ...

- ☐ Ingolstadt.
- ☐ Regensburg.
- ☐ Nürnberg.
- ☒ München.

Frage Nr. 8
Welches Bundesland ist Bayern?

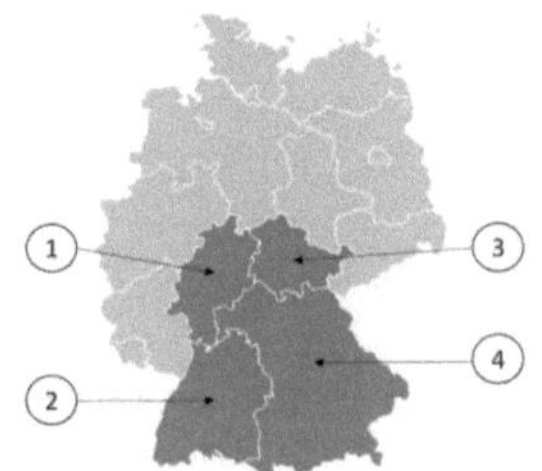

□ 1
□ 2
□ 3
☒ 4

Frage Nr. 9
Wie nennt man die Regierungschefin/den Regierungschef in
Bayern?
□ Erste Ministerin/Erster Minister
□ Premierministerin/Premierminister
□ Bürgermeisterin/Bürgermeister
☒ Ministerpräsidentin/Ministerpräsident

Frage Nr. 10
Welche Ministerin/welchen Minister hat Bayern nicht?

□ Justizministerin/Justizminister
☒ Außenministerin/Außenminister
□ Finanzministerin/Finanzminister
□ Innenministerin/Innenminister

Berlin ist die Hauptstadt Deutschlands und das flächengrößte Bundesland des Landes. Es hat eine Fläche von 891,85 Quadratkilometern und eine Bevölkerung von etwa 3,7 Millionen Menschen. Die Stadt ist in zwölf Bezirke unterteilt.

Geschichte: Berlin wurde im 13. Jahrhundert gegründet und hat eine bewegte Geschichte. Im 20. Jahrhundert war Berlin ein Zentrum des Kalten Krieges, da die Stadt von 1945 bis 1990 von der Berliner Mauer geteilt war und sich im Ostteil der Stadt die Hauptstadt der DDR befand. Nach der Wiedervereinigung Deutschlands im Jahr 1990 wurde Berlin wieder die Hauptstadt des Landes.

Kultur: Berlin ist bekannt für seine vielfältige Kultur- und Kunstszene, einschließlich Theater, Musik, Literatur und Film. Es gibt auch viele Museen und Galerien in der Stadt, darunter das Pergamonmuseum und die Alte Nationalgalerie. Die Stadt ist auch bekannt für ihre Street Art, Graffiti und alternative Kunst- und Kulturveranstaltungen.

Wirtschaft: Berlin hat eine wachsende Wirtschaft, insbesondere in den Bereichen Technologie und Start-ups. Unternehmen wie SoundCloud, Delivery Hero und Zalando haben hier ihren Hauptsitz. Die Stadt ist auch ein wichtiger Tourismusort und zieht jedes Jahr Millionen von Besuchern an.

Politik: Das Land Berlin ist ein eigenständiges Bundesland innerhalb Deutschlands und hat eine eigene Landesregierung sowie ein eigenes Parlament. Berlin ist auch Sitz des deutschen Bundestages, des Bundesrates und der Bundesregierung.

Sehenswürdigkeiten: Zu den bekanntesten Sehenswürdigkeiten in Berlin gehören das Brandenburger Tor, die Berliner Mauer, das Reichstagsgebäude, der Fernsehturm am Alexanderplatz und der Berliner Zoo. Es gibt auch viele Parks und Grünflächen in der Stadt, darunter der Tiergarten und der Treptower Park.

Frage Nr. 1
Welches Wappen gehört zum Bundesland Berlin?

☐ Bild 1
☐ Bild 2
☐ Bild 3
☒ Bild 4

Frage Nr. 2
Welches ist ein Bezirk von Berlin?

☐ Altona
☐ Prignitz
☒ Pankow
☐ Mecklenburgische Seenplatte

Frage Nr. 3
Für wie viele Jahre wird das Landesparlament in Berlin gewählt?

☐ 3
☐ 4
☒ 5
☐ 6

Frage Nr. 4
Ab welchem Alter darf man in Berlin bei Kommunalwahlen (Wahl
der Bezirksverordnetenversammlung) wählen?

☐ 14
☒ 16
☐ 18
☐ 20

Frage Nr. 5
Welche Farben hat die Landesflagge von Berlin?

- ☐ blau-weiß-rot
- ☒ weiß-rot
- ☐ grün-weiß-rot
- ☐ schwarz-gold

Frage Nr. 6
Wo können Sie sich in Berlin über politische Themen informieren?

- ☐ beim Ordnungsamt der Gemeinde
- ☐ bei den Kirchen
- ☐ bei der Verbraucherzentrale
- ☒ bei der Landeszentrale für politische Bildung

Frage Nr. 7
Welches Bundesland ist ein Stadtstaat?

- ☒ Berlin
- ☐ Saarland
- ☐ Brandenburg
- ☐ Hessen

Frage Nr. 8
Welches Bundesland ist Berlin?

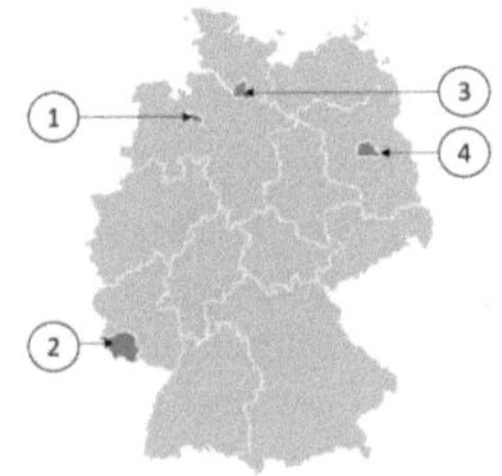

☐ 1
☐ 2
☐ 3
☒ 4

Frage Nr. 9
Wie nennt man die Regierungschefin/den Regierungschef des
Stadtstaates Berlin?
☐ Ministerpräsidentin/Ministerpräsident
☐ Oberbürgermeisterin/Oberbürgermeister
☐ Präsidentin/Präsident des Senates
☒ Regierende Bürgermeisterin/Regierender Bürgermeister

Frage Nr. 10
Welche Senatorin/welchen Senator hat Berlin nicht?

☐ Finanzsenatorin/Finanzsenator
☐ Innensenatorin/Innensenator
☒ Senatorin/Senator für Außenbeziehungen
☐ Justizsenatorin/Justizsenator

Brandenburg ist ein Bundesland im Osten Deutschlands mit einer Fläche von 29.478 Quadratkilometern und einer Bevölkerung von etwa 2,5 Millionen Menschen. Die Hauptstadt von Brandenburg ist Potsdam.

Geschichte: Brandenburg wurde im 12. Jahrhundert gegründet und hat eine reiche Geschichte, die von der preußischen Monarchie und dem Zweiten Weltkrieg geprägt ist. Während des Kalten Krieges lag Brandenburg an der innerdeutschen Grenze und war ein wichtiger Ort für die DDR-Grenzsicherung.

Kultur: Brandenburg hat eine reiche Kultur- und Kunstszene, einschließlich Theater, Musik, Literatur und Kunst. Die Stadt Potsdam ist bekannt für ihre vielen Schlösser und Gärten, darunter das Schloss Sanssouci und den Park Babelsberg. Das Museum Barberini in Potsdam ist auch ein beliebtes Ziel für Kunstliebhaber.

Wirtschaft: Brandenburg hat eine vielfältige Wirtschaft, die von der Landwirtschaft bis hin zur High-Tech-Industrie reicht. Zu den wichtigsten Wirtschaftszweigen gehören erneuerbare Energien, Logistik und Maschinenbau.

Politik: Das Land Brandenburg hat eine eigene Landesregierung und ein eigenes Parlament.

Sehenswürdigkeiten: Zu den bekanntesten Sehenswürdigkeiten in Brandenburg gehören das Schloss Sanssouci und der Park Babelsberg in Potsdam, der Spreewald mit seinen Flüssenen und Kahnfahrten sowie das Kloster Neuzelle im Osten des Landes. Es gibt auch viele Seen und Flüsse in der Region, die für Wassersport und Erholung genutzt werden können, wie zum Beispiel der Müggelsee und der Schwielochsee.

Frage Nr. 1
Welches Wappen gehört zum Bundesland Brandenburg?

Bild 1   Bild 2   Bild 3   Bild 4

- ☑ Bild 1
- ☐ Bild 2
- ☐ Bild 3
- ☐ Bild 4

Frage Nr. 2
Welches ist ein Landkreis in Brandenburg?

- ☑ Prignitz
- ☐ Rhein-Sieg-Kreis
- ☐ Vogtlandkreis
- ☐ Amberg-Sulzbach

Frage Nr. 3
Für wie viele Jahre wird der Landtag in Brandenburg gewählt?

- ☐ 3
- ☐ 4
- ☑ 5
- ☐ 6

Frage Nr. 4
Ab welchem Alter darf man in Brandenburg bei Kommunalwahlen wählen?

- ☐ 14
- ☑ 16
- ☐ 18
- ☐ 20

Frage Nr. 5
Welche Farben hat die Landesflagge von Brandenburg?

☐ blau-weiß-rot
☒ rot-weiß
☐ grün-weiß-rot
☐ schwarz-gelb

Frage Nr. 6
Wo können Sie sich in Brandenburg über politische Themen informieren?
☐ bei den Kirchen
☐ beim Ordnungsamt der Gemeinde
☒ bei der Landeszentrale für politische Bildung
☐ bei der Verbraucherzentrale

Frage Nr. 7
Die Landeshauptstadt von Brandenburg heißt …

☒ Potsdam.
☐ Cottbus.
☐ Brandenburg.
☐ Frankfurt/Oder.

Frage Nr. 8
Welches Land ist das Bundesland Brandenburg?

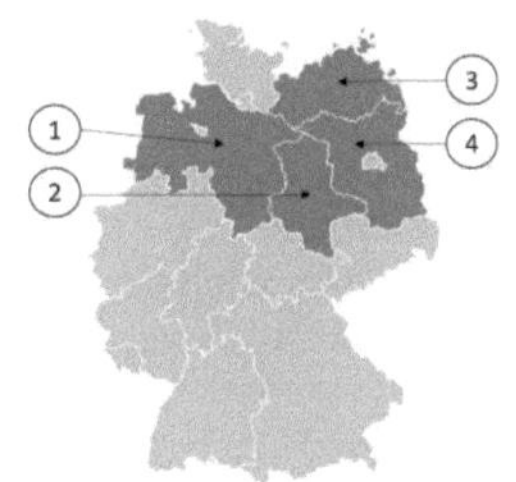

☐ 1
☐ 2
☐ 3
☑ 4

Frage Nr. 9
Wie nennt man die Regierungschefin/den Regierungschef in
Brandenburg?
☐ Erste Ministerin/Erster Minister
☐ Premierministerin/Premierminister
☐ Bürgermeisterin/Bürgermeister
☑ Ministerpräsidentin/Ministerpräsident

Frage Nr. 10
Welche Ministerin/welchen Minister hat Brandenburg nicht?

☐ Justizministerin/Justizminister
☑ Außenministerin/Außenminister
☐ Finanzministerin/Finanzminister
☐ Innenministerin/Innenminister

Bremen ist ein Stadtstaat im Norden Deutschlands und das kleinste Bundesland des Landes. Es hat eine Fläche von 419 Quadratkilometern und eine Bevölkerung von etwa 681.000 Menschen. Bremen besteht aus den beiden Städten Bremen und Bremerhaven.

Geschichte: Bremen wurde im 8. Jahrhundert gegründet und ist eine der ältesten Städte Deutschlands. Im Mittelalter war Bremen ein bedeutender Handelsplatz und Mitglied der Hanse. Während des Zweiten Weltkriegs wurde die Stadt stark zerstört, aber später wieder aufgebaut.

Kultur: Bremen hat eine reiche Kultur- und Kunstszene, einschließlich Theater, Musik, Literatur und Kunst. Die Stadt ist bekannt für ihre historische Altstadt, die zum UNESCO-Weltkulturerbe gehört, und ihre zahlreichen Museen und Galerien, darunter das Bremer Kunst- und Kulturzentrum und das Übersee-Museum.

Wirtschaft: Bremen hat eine wichtige Rolle als Hafenstadt und ist einer der größten deutschen Seehäfen. Es ist auch bekannt für seine Luft- und Raumfahrtindustrie, mit Unternehmen wie Airbus und OHB System, sowie für seine Automobil- und Lebensmittelindustrie.

Politik: Das Land Bremen ist ein eigenständiger Stadtstaat innerhalb Deutschlands und hat eine eigene Landesregierung sowie ein eigenes Parlament.

Sehenswürdigkeiten: Zu den bekanntesten Sehenswürdigkeiten in Bremen gehören das Bremer Rathaus, der Bremer Roland und die Bremer Stadtmusikanten. In Bremerhaven ist das Deutsche Auswandererhaus ein beliebtes Ziel für Touristen. Es gibt auch viele Parks und Grünflächen in beiden Städten, darunter der Bürgerpark in Bremen und der Zoo am Meer in Bremerhaven.

Frage Nr. 1
Welches Wappen gehört zur Freien Hansestadt Bremen?

- ☐ Bild 1
- ☐ Bild 2
- ☑ Bild 3
- ☐ Bild 4

Frage Nr. 2
Welches ist ein Stadtteil von Bremen?

- ☐ Altona
- ☑ Hemelingen
- ☐ Pankow
- ☐ Babelsberg

Frage Nr. 3
Für wie viele Jahre wird das Landesparlament in Bremen gewählt?

- ☐ 3
- ☑ 4
- ☐ 5
- ☐ 6

Frage Nr. 4
Ab welchem Alter darf man in Bremen bei den Wahlen zur
Bürgerschaft (Landtag) wählen?

- ☐ 14
- ☑ 16
- ☐ 18
- ☐ 20

Frage Nr. 5
Welche Farben hat die Landesflagge von Bremen?

- ☐ blau-weiß-rot
- ☒ rot-weiß
- ☐ grün-weiß-rot
- ☐ schwarz-gold

Frage Nr. 6
Wo können Sie sich in Bremen über politische Themen informieren?
- ☐ beim Ordnungsamt der Gemeinde
- ☒ bei der Landeszentrale für politische Bildung
- ☐ bei den Kirchen
- ☐ bei der Verbraucherzentrale

Frage Nr. 7
Was ist ein deutscher Stadtstaat?

- ☒ Bremen
- ☐ München
- ☐ Frankfurt
- ☐ Erfurt

Frage Nr. 8
Welches Bundesland ist Bremen?

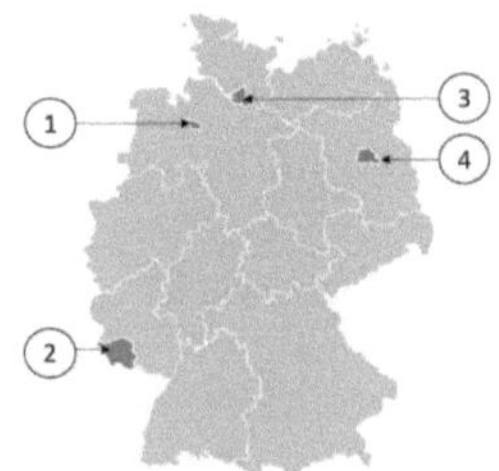

☑ 1
☐ 2
☐ 3
☐ 4

Frage Nr. 9
Wie nennt man die Regierungschefin/den Regierungschef des
Stadtstaates Bremen?
☐ Ministerpräsidentin/Ministerpräsident
☐ Erste Bürgermeisterin/Erster Bürgermeister
☑ Präsidentin/Präsident des Senates
☐ Regierende Bürgermeisterin/Regierender Bürgermeister

Frage Nr. 10
Welche Senatorin/welchen Senator hat Bremen nicht?

☑ Senatorin/Senator für Außenbeziehungen
☐ Finanzsenatorin/Finanzsenator
☐ Justizsenatorin/Justizsenator
☐ Innensenatorin/Innensenator

Hamburg ist ein Stadtstaat im Norden Deutschlands mit einer Fläche von 755 Quadratkilometern und einer Bevölkerung von etwa 1,8 Millionen Menschen. Hamburg ist die zweitgrößte Stadt Deutschlands und hat den größten Seehafen des Landes.

Geschichte: Hamburg hat eine lange Geschichte als wichtiger Handelsplatz und Hafenstadt. Während des Zweiten Weltkriegs wurde die Stadt stark zerstört, aber später wieder aufgebaut.

Kultur: Hamburg hat eine reiche Kultur- und Kunstszene, einschließlich Theater, Musik, Literatur und Kunst. Die Stadt ist bekannt für ihre historische Speicherstadt, die zum UNESCO-Weltkulturerbe gehört, sowie für ihre zahlreichen Museen, darunter die Kunsthalle und das Internationale Maritime Museum.

Wirtschaft: Hamburg hat einen der größten Seehäfen Europas und ist ein wichtiger Standort für die maritime Wirtschaft. Die Stadt ist auch ein wichtiger Standort für die Medien- und Werbeindustrie sowie für die Luftfahrtindustrie.

Politik: Das Land Hamburg ist ein eigenständiger Stadtstaat innerhalb Deutschlands und hat eine eigene Landesregierung sowie ein eigenes Parlament.

Sehenswürdigkeiten: Zu den bekanntesten Sehenswürdigkeiten in Hamburg gehören der Hamburger Hafen, die Elbphilharmonie, die St. Michaelis-Kirche und die Reeperbahn im Stadtteil St. Pauli. Es gibt auch viele Parks und Grünflächen in der Stadt, darunter der Stadtpark und die Planten un Blomen.

Frage Nr. 1
Welches Wappen gehört zur Freien und Hansestadt Hamburg?

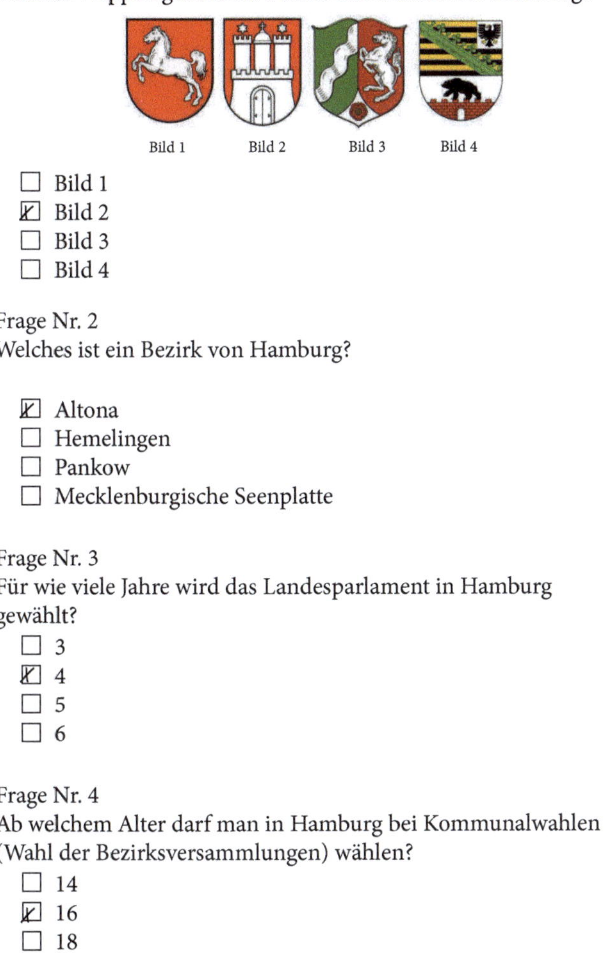

Bild 1   Bild 2   Bild 3   Bild 4

- ☐ Bild 1
- ☒ Bild 2
- ☐ Bild 3
- ☐ Bild 4

Frage Nr. 2
Welches ist ein Bezirk von Hamburg?

- ☒ Altona
- ☐ Hemelingen
- ☐ Pankow
- ☐ Mecklenburgische Seenplatte

Frage Nr. 3
Für wie viele Jahre wird das Landesparlament in Hamburg
gewählt?

- ☐ 3
- ☒ 4
- ☐ 5
- ☐ 6

Frage Nr. 4
Ab welchem Alter darf man in Hamburg bei Kommunalwahlen
(Wahl der Bezirksversammlungen) wählen?

- ☐ 14
- ☒ 16
- ☐ 18
- ☐ 20

Frage Nr. 5
Welche Farben hat die Landesflagge von Hamburg?

- ☐ blau-weiß-rot
- ☒ weiß-rot
- ☐ grün-weiß-rot
- ☐ schwarz-gelb

Frage Nr. 6
Wo können Sie sich in Hamburg über politische Themen
informieren?
- ☐ beim Ordnungsamt der Gemeinde
- ☐ bei der Verbraucherzentrale
- ☐ bei den Kirchen
- ☒ bei der Landeszentrale für politische Bildung

Frage Nr. 7
Welches Bundesland ist ein Stadtstaat?

- ☒ Hamburg
- ☐ Sachsen
- ☐ Bayern
- ☐ Thüringen

Frage Nr. 8
Welches Bundesland ist Hamburg?

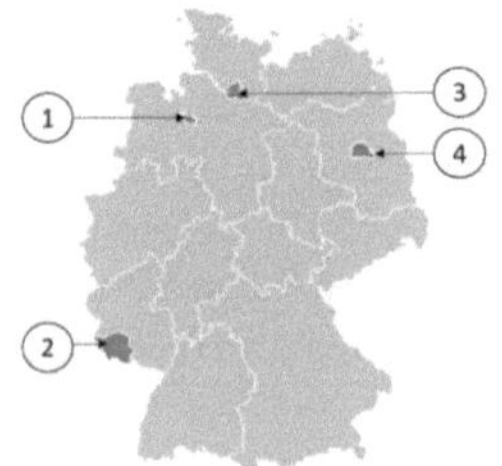

☐ 1
☐ 2
☑ 3
☐ 4

Frage Nr. 9
Wie nennt man die Regierungschefin/den Regierungschef des
Stadtstaates Hamburg?

☐ Ministerpräsidentin/Ministerpräsident
☑ Erste Bürgermeisterin/Erster Bürgermeister
☐ Regierende Senatorin/Regierender Senator
☐ Oberbürgermeisterin/Oberbürgermeister

Frage Nr. 10
Welche Senatorin/welchen Senator hat Hamburg nicht?

☐ Justizsenatorin/Justizsenator
☑ Senatorin/Senator für Außenbeziehungen
☐ Finanzsenatorin/Finanzsenator
☐ Innensenatorin/Innensenator

Hessen ist ein Bundesland in der Mitte Deutschlands mit einer Fläche von 21.114 Quadratkilometern und einer Bevölkerung von etwa 6,3 Millionen Menschen. Die Hauptstadt von Hessen ist Wiesbaden.

Geschichte: Hessen hat eine lange Geschichte, die bis in die Antike zurückreicht. Im Mittelalter war Hessen ein wichtiger Bestandteil des Heiligen Römischen Reiches. Im 20. Jahrhundert spielte Hessen eine wichtige Rolle in der deutschen Geschichte, insbesondere während der Zeit des Nationalsozialismus.

Kultur: Hessen hat eine reiche Kultur- und Kunstszene, einschließlich Theater, Musik, Literatur und Kunst. Frankfurt am Main ist bekannt für seine zahlreichen Museen, darunter das Städel Museum und das Goethe-Haus. Die Stadt ist auch ein wichtiger Finanzplatz und Sitz der Europäischen Zentralbank. In der Region gibt es viele historische Städte und Dörfer, darunter Marburg und Gießen.

Wirtschaft: Hessen hat eine starke Wirtschaft und ist ein wichtiger Standort für Unternehmen in den Bereichen Finanzdienstleistungen, Informationstechnologie und Biotechnologie. Die Region ist auch ein wichtiger Standort für die Produktion von Chemikalien und Maschinenbau.

Politik: Das Land Hessen hat eine eigene Landesregierung und ein eigenes Parlament.

Sehenswürdigkeiten: Zu den bekanntesten Sehenswürdigkeiten in Hessen gehören das Schloss Braunfels, die Altstadt von Marburg und die Mathildenhöhe in Darmstadt. Es gibt auch viele historische Städte und Dörfer in der Region, darunter Fritzlar und Hanau. Die Region ist auch bekannt für ihre zahlreichen Burgen und Schlösser, darunter die Burg Frankenstein und die Burg Hohenzollern.

Frage Nr. 1
Welches Wappen gehört zum Bundesland Hessen?

Bild 1   Bild 2   Bild 3   Bild 4

- ☒ Bild 1
- ☐ Bild 2
- ☐ Bild 3
- ☐ Bild 4

Frage Nr. 2
Welches ist ein Landkreis in Hessen?

- ☐ Ammerland
- ☐ Altötting
- ☐ Prignitz
- ☒ Main-Taunus-Kreis

Frage Nr. 3
Für wie viele Jahre wird der Landtag in Hessen gewählt?

- ☐ 3
- ☐ 4
- ☒ 5
- ☐ 6

Frage Nr. 4
Ab welchem Alter darf man in Hessen bei Kommunalwahlen
wählen?

- ☐ 14
- ☐ 16
- ☒ 18
- ☐ 20

Frage Nr. 5
Welche Farben hat die Landesflagge von Hessen?

- ☐ blau-weiß-rot
- ☒ rot-weiß
- ☐ schwarz-gold
- ☐ grün-weiß-rot

Frage Nr. 6
Wo können Sie sich in Hessen über politische Themen informieren?
- ☒ bei der Landeszentrale für politische Bildung
- ☐ bei der Verbraucherzentrale
- ☐ beim Ordnungsamt der Gemeinde
- ☐ bei den Kirchen

Frage Nr. 7
Die Landeshauptstadt von Hessen heißt …

- ☐ Kassel.
- ☐ Darmstadt.
- ☐ Frankfurt.
- ☒ Wiesbaden.

Frage Nr. 8
Welches Bundesland ist Hessen?

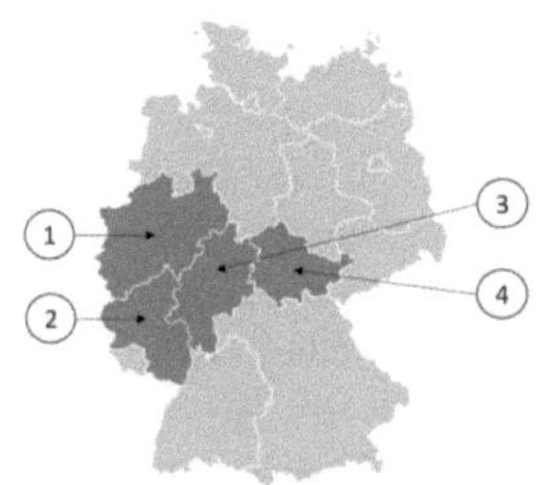

☐ 1
☐ 2
☒ 3
☐ 4

Frage Nr. 9
Wie nennt man die Regierungschefin/den Regierungschef in
Hessen?
☐ Erste Ministerin/Erster Minister
☐ Premierministerin/Premierminister
☐ Bürgermeisterin/Bürgermeister
☒ Ministerpräsidentin/Ministerpräsident

Frage Nr. 10
Welche Ministerin/welchen Minister hat Hessen nicht?

☐ Justizministerin/Justizminister
☒ Außenministerin/Außenminister
☐ Finanzministerin/Finanzminister
☐ Innenministerin/Innenminister

Mecklenburg-Vorpommern ist ein Bundesland im Nordosten Deutschlands mit einer Fläche von 23.174 Quadratkilometern und einer Bevölkerung von etwa 1,6 Millionen Menschen. Die Hauptstadt von Mecklenburg-Vorpommern ist Schwerin.

Geschichte: Mecklenburg-Vorpommern hat eine lange Geschichte, die bis in die Antike zurückreicht. Im Mittelalter war die Region Teil des Heiligen Römischen Reiches und später Teil des schwedischen Reiches. Während des Zweiten Weltkriegs wurde die Region stark zerstört, aber später wieder aufgebaut.

Kultur: Mecklenburg-Vorpommern hat eine reiche Kultur- und Kunstszene, einschließlich Theater, Musik, Literatur und Kunst. Die Stadt Rostock ist bekannt für ihre historische Altstadt und ihre Universität. In der Region gibt es viele historische Städte und Dörfer, darunter Wismar und Greifswald. Die Insel Rügen und die Ostseeküste sind auch beliebte Touristenziele.

Wirtschaft: Mecklenburg-Vorpommern hat eine vielfältige Wirtschaft, die von der Landwirtschaft bis hin zur Tourismusbranche reicht. Die Region ist auch ein wichtiger Standort für die Produktion von erneuerbaren Energien, insbesondere von Windenergieanlagen.

Politik: Das Land Mecklenburg-Vorpommern hat eine eigene Landesregierung und ein eigenes Parlament.

Sehenswürdigkeiten: Zu den bekanntesten Sehenswürdigkeiten in Mecklenburg-Vorpommern gehören die historischen Städte Wismar und Rostock, die Insel Rügen, die Ostseeküste und die Mecklenburgische Seenplatte. Die Region ist auch bekannt für ihre zahlreichen Schlösser und Gutshäuser, darunter das Schloss Güstrow und das Schloss Ludwigslust. Die Hansestadt Stralsund mit ihrem beeindruckenden Backsteingotik-Ensemble gehört zum UNESCO-Weltkulturerbe.

Frage Nr. 1
Welches Wappen gehört zum Bundesland Mecklenburg-Vorpommern?

Bild 1   Bild 2   Bild 3   Bild 4

- ☐ Bild 1
- ☐ Bild 2
- ☒ Bild 3
- ☐ Bild 4

Frage Nr. 2
Welches ist ein Landkreis in Mecklenburg-Vorpommern?

- ☐ Prignitz
- ☒ Mecklenburgische Seenplatte
- ☐ Vogtlandkreis
- ☐ Rhein-Sieg-Kreis

Frage Nr. 3
Für wie viele Jahre wird der Landtag in Mecklenburg-
Vorpommern gewählt?

- ☐ 3
- ☐ 4
- ☒ 5
- ☐ 6

Frage Nr. 4
Ab welchem Alter darf man in Mecklenburg-Vorpommern bei
Kommunalwahlen wählen?

- ☐ 14
- ☒ 16
- ☐ 18
- ☐ 20

Frage Nr. 5
Welche Farben hat die Landesflagge von Mecklenburg-
Vorpommern?
   ☐ schwarz-rot-gold
   ☒ blau-weiß-gelb-rot
   ☐ grün-weiß-rot
   ☐ schwarz-gelb

Frage Nr. 6
Wo können Sie sich in Mecklenburg-Vorpommern über politische
Themen informieren?
   ☒ bei der Landeszentrale für politische Bildung
   ☐ bei den Kirchen
   ☐ beim Ordnungsamt der Gemeinde
   ☐ bei der Verbraucherzentrale

Frage Nr. 7
Die Landeshauptstadt von Mecklenburg-Vorpommern heißt …

   ☐ Greifswald.
   ☒ Schwerin.
   ☐ Rostock.
   ☐ Wismar.

Frage Nr. 8
Welches Bundesland ist Mecklenburg-Vorpommern?

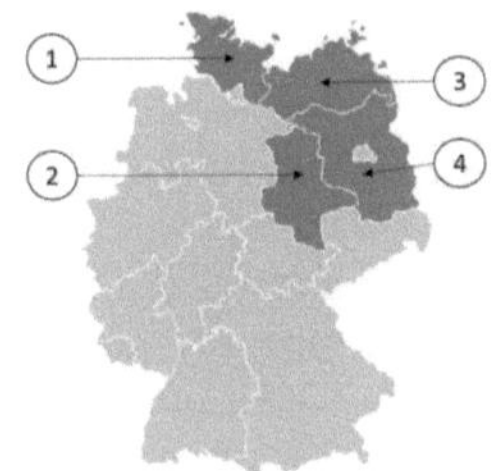

☐ 1
☐ 2
☒ 3
☐ 4

Frage Nr. 9
Wie nennt man die Regierungschefin/den Regierungschef in
Mecklenburg-Vorpommern?
  ☐ Erste Ministerin/Erster Minister
  ☐ Premierministerin/Premierminister
  ☐ Bürgermeisterin/Bürgermeister
  ☒ Ministerpräsidentin/Ministerpräsident

Frage Nr. 10
Welche Ministerin/welchen Minister hat Mecklenburg-
Vorpommern nicht?
  ☐ Justizministerin/Justizminister
  ☒ Außenministerin/Außenminister
  ☐ Finanzministerin/Finanzminister
  ☐ Innenministerin/Innenminister

Niedersachsen ist ein Bundesland im Nordwesten Deutschlands mit einer Fläche von 47.609 Quadratkilometern und einer Bevölkerung von etwa 8,9 Millionen Menschen. Die Hauptstadt von Niedersachsen ist Hannover.

Geschichte: Niedersachsen hat eine lange Geschichte, die bis in die Antike zurückreicht. Im Mittelalter war die Region Teil des Heiligen Römischen Reiches und später Teil des Königreichs Hannover. Während des Zweiten Weltkriegs wurde die Region stark zerstört, aber später wieder aufgebaut.

Kultur: Niedersachsen hat eine reiche Kultur- und Kunstszene, einschließlich Theater, Musik, Literatur und Kunst. Die Stadt Hannover ist bekannt für ihre Herrenhäuser Gärten und die documenta Kunstausstellung. In der Region gibt es viele historische Städte und Dörfer, darunter Lüneburg und Celle.

Wirtschaft: Niedersachsen hat eine vielfältige Wirtschaft, die von der Landwirtschaft bis hin zur Automobilindustrie reicht. Die Region ist auch ein wichtiger Standort für Unternehmen in den Bereichen Energie, Chemie und Logistik.

Politik: Das Land Niedersachsen hat eine eigene Landesregierung und ein eigenes Parlament.

Sehenswürdigkeiten: Zu den bekanntesten Sehenswürdigkeiten in Niedersachsen gehören die Herrenhäuser Gärten in Hannover, das Schloss Marienburg in Pattensen, das Weltkulturerbe Fagus-Werk in Alfeld und das Wattenmeer an der Nordseeküste. Es gibt auch viele historische Städte und Dörfer in der Region, darunter Goslar, Hildesheim und Hameln. Die Lüneburger Heide ist auch ein beliebtes Ziel für Wanderungen und Naturerlebnisse.

Frage Nr. 1
Welches Wappen gehört zum Bundesland Niedersachsen?

Bild 1   Bild 2   Bild 3   Bild 4

- ☐ Bild 1
- ☐ Bild 2
- ☒ Bild 3
- ☐ Bild 4

Frage Nr. 2
Welches ist ein Landkreis in Niedersachsen?

- ☒ Ammerland
- ☐ Rhein-Sieg-Kreis
- ☐ Nordfriesland
- ☐ Vogtlandkreis

Frage Nr. 3
Für wie viele Jahre wird der Landtag in Niedersachsen gewählt?

- ☐ 3
- ☐ 4
- ☒ 5
- ☐ 6

Frage Nr. 4
Ab welchem Alter darf man in Niedersachsen bei Kommunalwahlen wählen?

- ☐ 14
- ☒ 16
- ☐ 18
- ☐ 20

Frage Nr. 5
Welche Farben hat die Landesflagge von Niedersachsen?

- ☐ weiß-blau
- ☑ schwarz-rot-gold
- ☐ schwarz-gelb
- ☐ blau-weiß-rot

Frage Nr. 6
Wo können Sie sich in Niedersachsen über politische Themen informieren?

- ☑ bei der Landeszentrale für politische Bildung
- ☐ beim Ordnungsamt der Gemeinde
- ☐ bei der Verbraucherzentrale
- ☐ bei den Kirchen

Frage Nr. 7
Die Landeshauptstadt von Niedersachsen heißt …

- ☑ Hannover.
- ☐ Braunschweig.
- ☐ Wolfsburg.
- ☐ Osnabrück.

Frage Nr. 8
Welches Bundesland ist Niedersachsen?

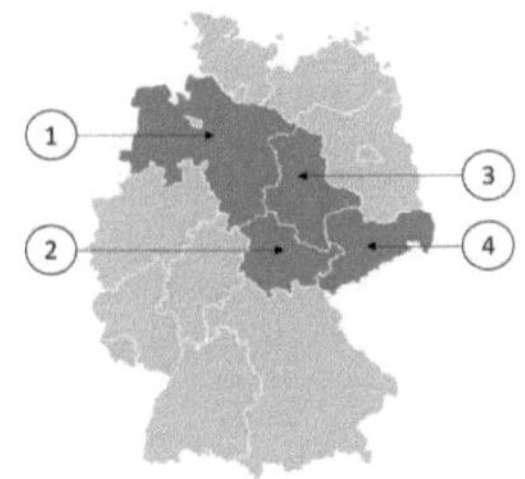

☒ 1
☐ 2
☐ 3
☐ 4

Frage Nr. 9
Wie nennt man die Regierungschefin/den Regierungschef in
Niedersachsen?

☐ Erste Ministerin/Erster Minister
☐ Premierministerin/Premierminister
☐ Bürgermeisterin/Bürgermeister
☒ Ministerpräsidentin/Ministerpräsident

Frage Nr. 10
Welche Ministerin/welchen Minister hat Niedersachsen nicht?

☐ Justizministerin/Justizminister
☒ Außenministerin/Außenminister
☐ Finanzministerin/Finanzminister
☐ Innenministerin/Innenminister

Nordrhein-Westfalen ist ein Bundesland im Westen Deutschlands mit einer Fläche von 34.083 Quadratkilometern und einer Bevölkerung von etwa 17,9 Millionen Menschen. Die Hauptstadt von Nordrhein-Westfalen ist Düsseldorf.

Geschichte: Nordrhein-Westfalen hat eine lange Geschichte, die bis in die Antike zurückreicht. Im Mittelalter war die Region Teil des Heiligen Römischen Reiches und später Teil des Königreichs Preußen. Während des Zweiten Weltkriegs wurde die Region stark zerstört, aber später wieder aufgebaut.

Kultur: Nordrhein-Westfalen hat eine reiche Kultur- und Kunstszene, einschließlich Theater, Musik, Literatur und Kunst. Die Stadt Köln ist bekannt für ihren Kölner Dom und den Karneval. Düsseldorf ist bekannt für seine Kunstszene und seine Modeindustrie. In der Region gibt es viele historische Städte und Dörfer, darunter Aachen und Münster.

Wirtschaft: Nordrhein-Westfalen hat eine der stärksten Wirtschaften in Deutschland und ist bekannt für seine Automobilindustrie, Chemieindustrie und Maschinenbauindustrie. Die Region ist auch ein wichtiger Standort für die Energieproduktion und den Bergbau.

Politik: Das Land Nordrhein-Westfalen hat eine eigene Landesregierung und ein eigenes Parlament.

Sehenswürdigkeiten: Zu den bekanntesten Sehenswürdigkeiten in Nordrhein-Westfalen gehören der Kölner Dom, die Düsseldorfer Altstadt und die Burg Eltz in der Eifel. Es gibt auch viele historische Städte und Dörfer in der Region, darunter Bonn und Paderborn. Der Landschaftspark Duisburg-Nord und der Nationalpark Eifel sind auch beliebte Ziele für Outdoor-Aktivitäten.

Frage Nr. 1
Welches Wappen gehört zum Bundesland Nordrhein-Westfalen?

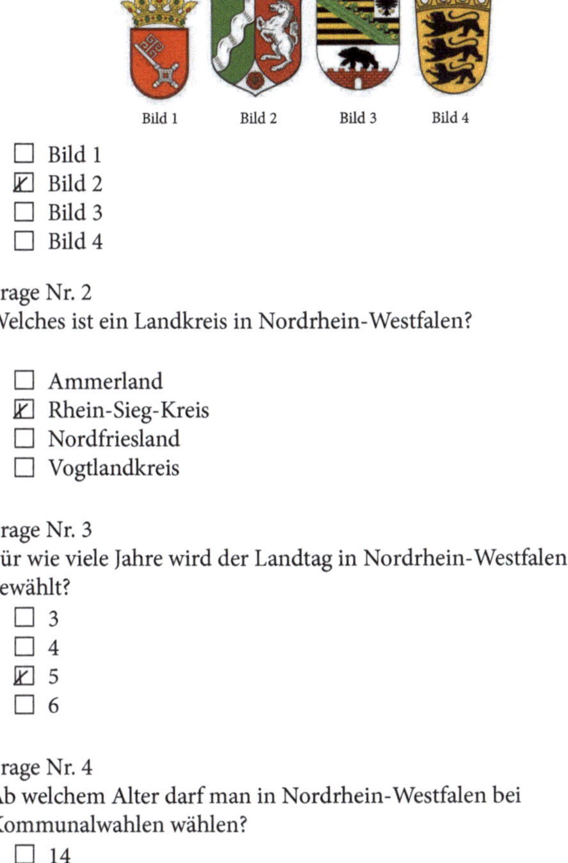

☐ Bild 1
☑ Bild 2
☐ Bild 3
☐ Bild 4

Frage Nr. 2
Welches ist ein Landkreis in Nordrhein-Westfalen?

☐ Ammerland
☑ Rhein-Sieg-Kreis
☐ Nordfriesland
☐ Vogtlandkreis

Frage Nr. 3
Für wie viele Jahre wird der Landtag in Nordrhein-Westfalen
gewählt?

☐ 3
☐ 4
☑ 5
☐ 6

Frage Nr. 4
Ab welchem Alter darf man in Nordrhein-Westfalen bei
Kommunalwahlen wählen?

☐ 14
☑ 16
☐ 18
☐ 20

Frage Nr. 5
Welche Farben hat die Landesflagge von Nordrhein-Westfalen?

- ☐ rot-weiß
- ☑ grün-weiß-rot
- ☐ schwarz-gold
- ☐ blau-weiß-rot

Frage Nr. 6
Wo können Sie sich in Nordrhein-Westfalen über politische
Themen informieren?
- ☐ bei den Kirchen
- ☐ beim Ordnungsamt der Gemeinde
- ☐ bei der Verbraucherzentrale
- ☑ bei der Landeszentrale für politische Bildung

Frage Nr. 7
Die Landeshauptstadt von Nordrhein-Westfalen heißt …

- ☐ Köln.
- ☐ Bonn.
- ☑ Düsseldorf.
- ☐ Dortmund.

Frage Nr. 8
Welches Bundesland ist Nordrhein-Westfalen?

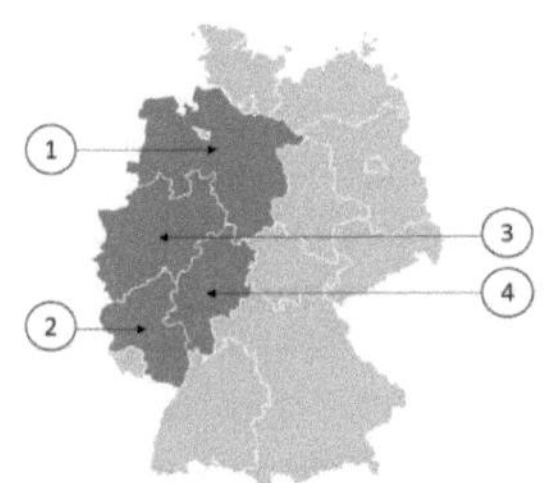

☐ 1
☐ 2
☒ 3
☐ 4

Frage Nr. 9
Wie nennt man die Regierungschefin/den Regierungschef in
Nordrhein-Westfalen?
☐ Erste Ministerin/Erster Minister
☐ Premierministerin/Premierminister
☐ Bürgermeisterin/Bürgermeister
☒ Ministerpräsidentin/Ministerpräsident

Frage Nr. 10
Welche Ministerin/welchen Minister hat Nordrhein-Westfalen
nicht?
☐ Justizministerin/Justizminister
☒ Außenministerin/Außenminister
☐ Finanzministerin/Finanzminister
☐ Innenministerin/Innenminister

Rheinland-Pfalz ist ein Bundesland im Südwesten Deutschlands mit einer Fläche von 19.853 Quadratkilometern und einer Bevölkerung von etwa 4,1 Millionen Menschen. Die Hauptstadt von Rheinland-Pfalz ist Mainz.

Geschichte: Rheinland-Pfalz hat eine lange Geschichte, die bis in die Antike zurückreicht. Die Region war im Mittelalter Teil des Heiligen Römischen Reiches und später Teil des französischen Kaiserreichs. Nach dem Zweiten Weltkrieg wurde Rheinland-Pfalz durch die Zusammenlegung von Teilen der preußischen Rheinprovinz, der bayerischen Rheinpfalz und dem Land Hessen-Pfalz gebildet.

Kultur: Rheinland-Pfalz hat eine reiche Kultur- und Kunstszene, einschließlich Theater, Musik, Literatur und Kunst. Die Stadt Mainz ist bekannt für ihren Dom und ihre Fastnacht. Die Stadt Koblenz liegt an der Mündung von Rhein und Mosel und ist ein wichtiger touristischer Anziehungspunkt. In der Region gibt es viele historische Städte und Dörfer, darunter Trier, die älteste Stadt Deutschlands.

Wirtschaft: Rheinland-Pfalz hat eine vielfältige Wirtschaft, die von der Landwirtschaft bis hin zur Automobilindustrie reicht. Die Region ist auch ein wichtiger Standort für die Produktion von Chemikalien, Maschinenbau und erneuerbaren Energien.

Politik: Das Land Rheinland-Pfalz hat eine eigene Landesregierung und ein eigenes Parlament.

Sehenswürdigkeiten: Zu den bekanntesten Sehenswürdigkeiten in Rheinland-Pfalz gehören der Dom zu Mainz, die Burg Eltz an der Mosel, die Porta Nigra in Trier und die Loreley am Rhein. Es gibt auch viele historische Städte und Dörfer in der Region, darunter Speyer und Worms. Die Region ist auch bekannt für ihre zahlreichen Weinanbaugebiete, darunter die Mosel, die Pfalz und das Rheintal.

Frage Nr. 1
Welches Wappen gehört zum Bundesland Rheinland-Pfalz?

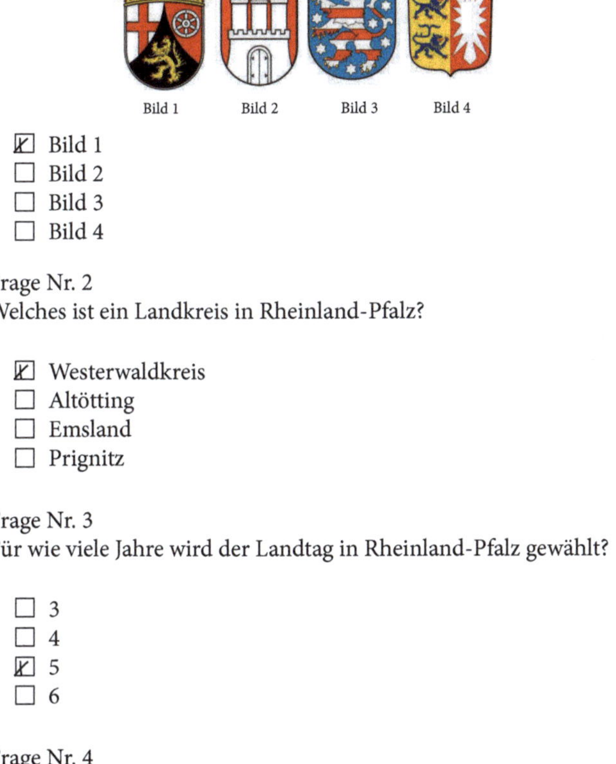

- ☒ Bild 1
- ☐ Bild 2
- ☐ Bild 3
- ☐ Bild 4

Frage Nr. 2
Welches ist ein Landkreis in Rheinland-Pfalz?

- ☒ Westerwaldkreis
- ☐ Altötting
- ☐ Emsland
- ☐ Prignitz

Frage Nr. 3
Für wie viele Jahre wird der Landtag in Rheinland-Pfalz gewählt?

- ☐ 3
- ☐ 4
- ☒ 5
- ☐ 6

Frage Nr. 4
Ab welchem Alter darf man in Rheinland-Pfalz bei
Kommunalwahlen wählen?

- ☐ 14
- ☐ 16
- ☒ 18
- ☐ 20

Frage Nr. 5
Welche Farben hat die Landesflagge von Rheinland-Pfalz?

- ☐ weiß-rot
- ☒ schwarz-rot-gold
- ☐ schwarz-gelb
- ☐ grün-weiß-rot

Frage Nr. 6
Wo können Sie sich in Rheinland-Pfalz über politische Themen informieren?
- ☐ bei den Kirchen
- ☐ bei der Verbraucherzentrale
- ☐ beim Ordnungsamt der Gemeinde
- ☒ bei der Landeszentrale für politische Bildung

Frage Nr. 7
Die Landeshauptstadt von Rheinland-Pfalz heißt …

- ☒ Mainz.
- ☐ Kaiserslautern.
- ☐ Ludwigshafen.
- ☐ Koblenz.

Frage Nr. 8
Welches Bundesland ist Rheinland-Pfalz?

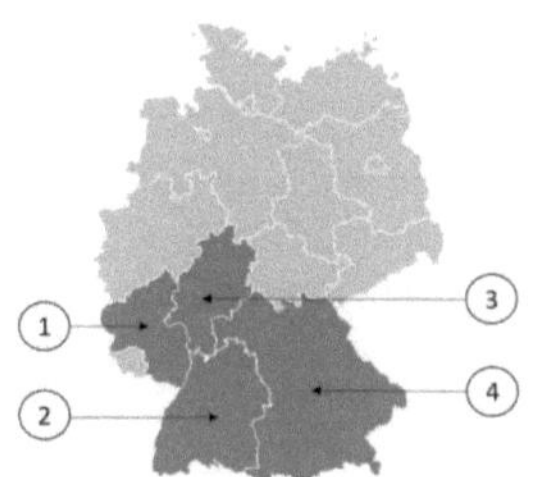

☒ 1
☐ 2
☐ 3
☐ 4

Frage Nr. 9
Wie nennt man die Regierungschefin/den Regierungschef in
Rheinland-Pfalz?

☐ Erste Ministerin/Erster Minister
☐ Premierministerin/Premierminister
☐ Bürgermeisterin/Bürgermeister
☒ Ministerpräsidentin/Ministerpräsident

Frage Nr. 10
Welche Ministerin/welchen Minister hat Rheinland-Pfalz nicht?

☐ Justizministerin/Justizminister
☒ Außenministerin/Außenminister
☐ Finanzministerin/Finanzminister
☐ Innenministerin/Innenminister

Das Saarland ist ein kleines Bundesland im Südwesten Deutschlands mit einer Fläche von 2.570 Quadratkilometern und einer Bevölkerung von etwa 990.000 Menschen. Die Hauptstadt von Saarland ist Saarbrücken.

Geschichte: Das Saarland hat eine lange Geschichte und war in der Vergangenheit Teil des Römischen Reiches und später Teil Frankreichs und Deutschlands. Nach dem Zweiten Weltkrieg wurde das Saarland unter französischer Verwaltung gestellt und später 1957 ein eigenständiges Bundesland innerhalb der Bundesrepublik Deutschland.

Kultur: Das Saarland hat eine reiche Kultur- und Kunstszene, einschließlich Theater, Musik, Literatur und Kunst. Die Stadt Saarbrücken ist bekannt für ihre barocke Altstadt und ihre Universität. In der Region gibt es viele historische Städte und Dörfer, darunter St. Wendel und Ottweiler.

Wirtschaft: Das Saarland hat eine vielfältige Wirtschaft, die von der Schwerindustrie bis hin zur IT-Branche reicht. Die Region ist auch ein wichtiger Standort für die Produktion von Stahl und Aluminium.

Politik: Das Land Saarland hat eine eigene Landesregierung und ein eigenes Parlament.

Sehenswürdigkeiten: Zu den bekanntesten Sehenswürdigkeiten im Saarland gehören das Weltkulturerbe Völklinger Hütte, die Burg Eltz im Saar-Hunsrück und die barocke Altstadt von Saarlouis. Es gibt auch viele historische Städte und Dörfer in der Region, darunter Merzig und Blieskastel. Die Saarschleife, eine Schleife der Saar, und der Bostalsee sind auch beliebte Ziele für Outdoor-Aktivitäten.

Frage Nr. 1
Welches Wappen gehört zum Bundesland Saarland?

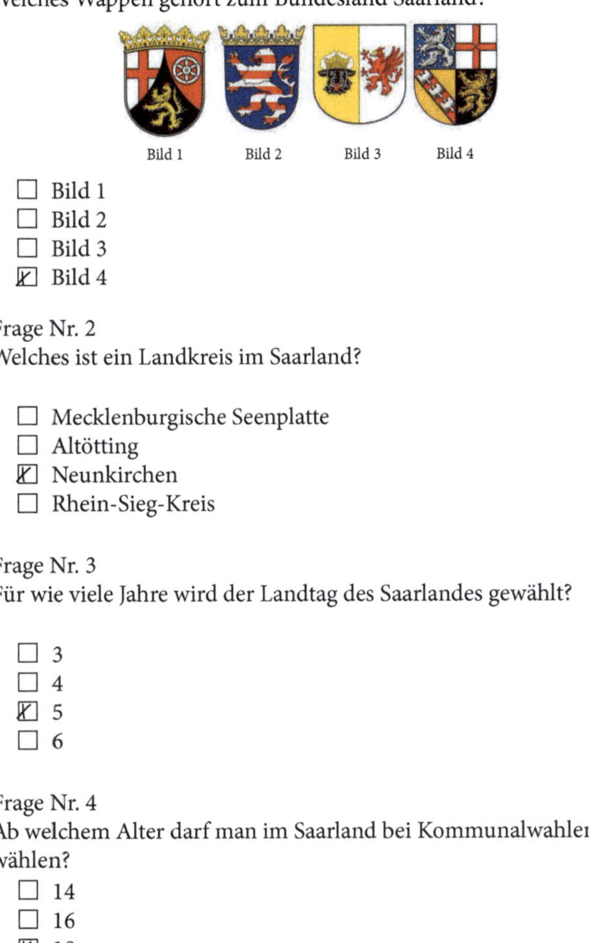

- ☐ Bild 1
- ☐ Bild 2
- ☐ Bild 3
- ☒ Bild 4

Frage Nr. 2
Welches ist ein Landkreis im Saarland?

- ☐ Mecklenburgische Seenplatte
- ☐ Altötting
- ☒ Neunkirchen
- ☐ Rhein-Sieg-Kreis

Frage Nr. 3
Für wie viele Jahre wird der Landtag des Saarlandes gewählt?

- ☐ 3
- ☐ 4
- ☒ 5
- ☐ 6

Frage Nr. 4
Ab welchem Alter darf man im Saarland bei Kommunalwahlen wählen?

- ☐ 14
- ☐ 16
- ☒ 18
- ☐ 20

Frage Nr. 5
Welche Farben hat die Landesflagge des Saarlandes?

- ☐ weiß-blau
- ☒ schwarz-rot-gold
- ☐ schwarz-gelb
- ☐ grün-weiß-rot

Frage Nr. 6
Wo können Sie sich im Saarland über politische Themen
informieren?
- ☐ bei den Kirchen
- ☒ bei der Landeszentrale für politische Bildung
- ☐ bei der Verbraucherzentrale
- ☐ beim Ordnungsamt der Gemeinde

Frage Nr. 7
Die Landeshauptstadt des Saarlandes heißt ...

- ☐ Neunkirchen.
- ☐ Homburg.
- ☒ Saarbrücken.
- ☐ Völklingen.

Frage Nr. 8
Welches Bundesland ist das Saarland?

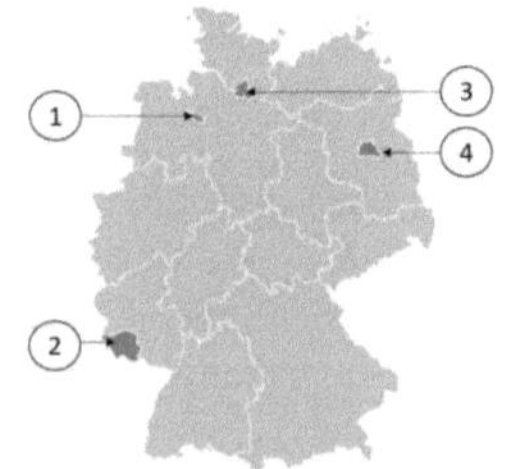

☐ 1
☒ 2
☐ 3
☐ 4

Frage Nr. 9
Wie nennt man die Regierungschefin/den Regierungschef des
Saarlandes?

☐ Erste Ministerin/Erster Minister
☐ Premierministerin/Premierminister
☐ Bürgermeisterin/Bürgermeister
☒ Ministerpräsidentin/Ministerpräsident

Frage Nr. 10
Welche Ministerin/welchen Minister hat das Saarland nicht?

☐ Justizministerin/Justizminister
☒ Außenministerin/Außenminister
☐ Finanzministerin/Finanzminister
☐ Innenministerin/Innenminister

Sachsen ist ein Bundesland im Osten Deutschlands mit einer Fläche von 18.416 Quadratkilometern und einer Bevölkerung von etwa 4,1 Millionen Menschen. Die Hauptstadt von Sachsen ist Dresden.

Geschichte: Sachsen hat eine lange Geschichte, die bis in die Antike zurückreicht. Im Mittelalter war Sachsen ein wichtiger Bestandteil des Heiligen Römischen Reiches. In der Zeit des Nationalsozialismus war Sachsen Schauplatz einiger bedeutender Ereignisse, darunter die Pogrome gegen Juden während der Reichspogromnacht.

Kultur: Sachsen hat eine reiche Kultur- und Kunstszene, einschließlich Theater, Musik, Literatur und Kunst. Dresden ist bekannt für seine Barockarchitektur und seine Kunstsammlungen. Leipzig ist ein wichtiger Standort für Musik und Literatur und verfügt über zahlreiche Museen und Galerien. In der Region gibt es viele historische Städte und Dörfer, darunter Meißen und Görlitz.

Wirtschaft: Sachsen hat eine vielfältige Wirtschaft, die von der Automobilindustrie bis hin zur Mikroelektronik reicht. Die Region ist auch ein wichtiger Standort für die Produktion von Maschinenbau und erneuerbaren Energien.

Politik: Das Land Sachsen hat eine eigene Landesregierung und ein eigenes Parlament.

Sehenswürdigkeiten: Zu den bekanntesten Sehenswürdigkeiten in Sachsen gehören die Frauenkirche in Dresden, die Semperoper in Dresden, die Festung Königstein und das Schloss Moritzburg. Es gibt auch viele historische Städte und Dörfer in der Region, darunter Bautzen und Zwickau. Der Nationalpark Sächsische Schweiz ist auch ein beliebtes Ziel für Outdoor-Aktivitäten.

Frage Nr. 1
Welches Wappen gehört zum Freistaat Sachsen?

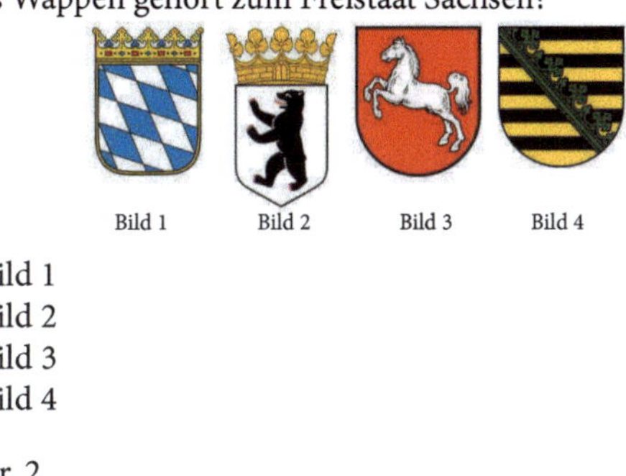

- ☐ Bild 1
- ☐ Bild 2
- ☐ Bild 3
- ☒ Bild 4

Frage Nr. 2
Welches ist ein Landkreis in Sachsen?

- ☒ Vogtlandkreis
- ☐ Altötting
- ☐ Uckermark
- ☐ Nordfriesland

Frage Nr. 3
Für wie viele Jahre wird der Landtag in Sachsen gewählt?

- ☐ 3
- ☐ 4
- ☒ 5
- ☐ 6

Frage Nr. 4
Ab welchem Alter darf man in Sachsen bei Kommunalwahlen
wählen?

- ☐ 14
- ☐ 16
- ☒ 18
- ☐ 20

Frage Nr. 5
Welche Farben hat die Landesflagge von Sachsen?

- ☐ blau-weiß-rot
- ☒ weiß-grün
- ☐ grün-weiß-rot
- ☐ schwarz-gelb

Frage Nr. 6
Wo können Sie sich in Sachsen über politische Themen informieren?
- ☒ bei der Landeszentrale für politische Bildung
- ☐ beim Ordnungsamt der Gemeinde
- ☐ bei den Kirchen
- ☐ bei der Verbraucherzentrale

Frage Nr. 7
Die Landeshauptstadt von Sachsen heißt …

- ☐ Leipzig.
- ☒ Dresden.
- ☐ Chemnitz.
- ☐ Zwickau.

Frage Nr. 8
Welches Bundesland ist Sachsen?

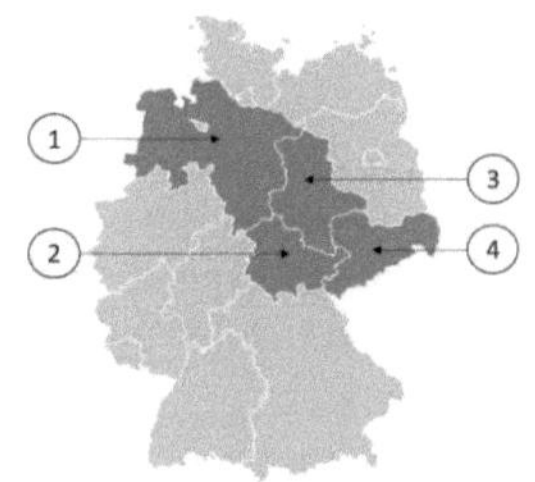

☐ 1
☐ 2
☐ 3
☒ 4

Frage Nr. 9
Wie nennt man die Regierungschefin/den Regierungschef in
Sachsen?

    ☐ Erste Ministerin/Erster Minister
    ☐ Premierministerin/Premierminister
    ☐ Bürgermeisterin/Bürgermeister
    ☒ Ministerpräsidentin/Ministerpräsident

Frage Nr. 10
Welche Ministerin/welchen Minister hat Sachsen nicht?

    ☐ Justizministerin/Justizminister
    ☒ Außenministerin/Außenminister
    ☐ Finanzministerin/Finanzminister
    ☐ Innenministerin/Innenminister

Sachsen-Anhalt ist ein Bundesland im Osten Deutschlands mit einer Fläche von 20.445 Quadratkilometern und einer Bevölkerung von etwa 2,2 Millionen Menschen. Die Hauptstadt von Sachsen-Anhalt ist Magdeburg.

Geschichte: Sachsen-Anhalt hat eine lange Geschichte, die bis in die Antike zurückreicht. Im Mittelalter war Sachsen-Anhalt Teil des Heiligen Römischen Reiches und später Teil Preußens. Während des Zweiten Weltkriegs wurde die Region stark zerstört, aber später wieder aufgebaut.

Kultur: Sachsen-Anhalt hat eine reiche Kultur- und Kunstszene, einschließlich Theater, Musik, Literatur und Kunst. Die Stadt Halle ist bekannt für ihre Franckesche Stiftungen und ihre Universität. Dessau ist bekannt für seine Bauhaus-Architektur und das Bauhaus-Museum. In der Region gibt es viele historische Städte und Dörfer, darunter Quedlinburg und Wittenberg.

Wirtschaft: Sachsen-Anhalt hat eine vielfältige Wirtschaft, die von der Landwirtschaft bis hin zur Chemieindustrie reicht. Die Region ist auch ein wichtiger Standort für die Produktion von erneuerbaren Energien, insbesondere von Windenergieanlagen.

Politik: Das Land Sachsen-Anhalt hat eine eigene Landesregierung und ein eigenes Parlament.

Sehenswürdigkeiten: Zu den bekanntesten Sehenswürdigkeiten in Sachsen-Anhalt gehören das Bauhaus in Dessau, die Lutherstadt Wittenberg, der Dom zu Magdeburg und die Altstadt von Quedlinburg. Es gibt auch viele historische Städte und Dörfer in der Region, darunter Naumburg und Stendal. Der Harz und die Saale-Unstrut-Region sind auch beliebte Ziele für Outdoor-Aktivitäten.

Frage Nr. 1
Welches Wappen gehört zum Bundesland Sachsen-Anhalt?

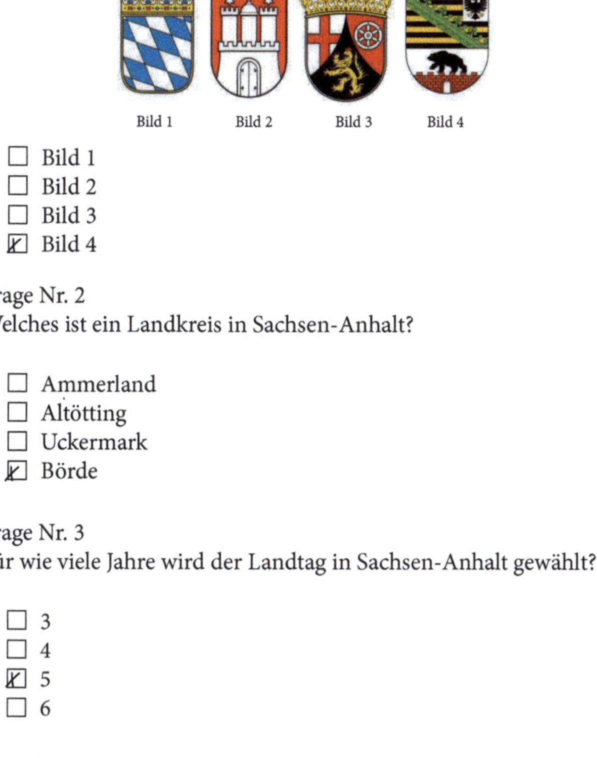

- ☐ Bild 1
- ☐ Bild 2
- ☐ Bild 3
- ☒ Bild 4

Frage Nr. 2
Welches ist ein Landkreis in Sachsen-Anhalt?

- ☐ Ammerland
- ☐ Altötting
- ☐ Uckermark
- ☒ Börde

Frage Nr. 3
Für wie viele Jahre wird der Landtag in Sachsen-Anhalt gewählt?

- ☐ 3
- ☐ 4
- ☒ 5
- ☐ 6

Frage Nr. 4
Ab welchem Alter darf man in Sachsen-Anhalt bei
Kommunalwahlen wählen?

- ☐ 14
- ☒ 16
- ☐ 18
- ☐ 20

Frage Nr. 5
Welche Farben hat die Landesflagge von Sachsen-Anhalt?

☐ blau-weiß-rot
☒ gelb-schwarz
☐ grün-weiß-rot
☐ weiß-rot

Frage Nr. 6
Wo können Sie sich in Sachsen-Anhalt über politische Themen informieren?

☐ bei den Kirchen
☒ bei der Landeszentrale für politische Bildung
☐ beim Ordnungsamt der Gemeinde
☐ bei der Verbraucherzentrale

Frage Nr. 7
Die Landeshauptstadt von Sachsen-Anhalt heißt …

☐ Halle.
☐ Dessau.
☒ Magdeburg.
☐ Wittenberg.

Frage Nr. 8
Welches Bundesland ist Sachsen-Anhalt?

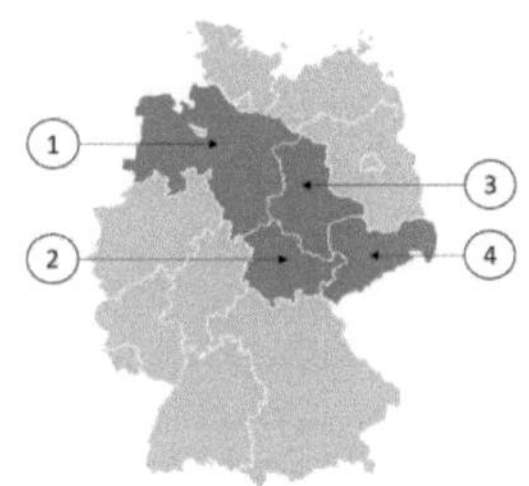

☐ 1
☐ 2
☑ 3
☐ 4

Frage Nr. 9
Wie nennt man die Regierungschefin/den Regierungschef in
Sachsen-Anhalt?
   ☐ Erste Ministerin/Erster Minister
   ☐ Premierministerin/Premierminister
   ☐ Bürgermeisterin/Bürgermeister
   ☑ Ministerpräsidentin/Ministerpräsident

Frage Nr. 10
Welche Ministerin/welchen Minister hat Sachsen-Anhalt nicht?

   ☐ Justizministerin/Justizminister
   ☑ Außenministerin/Außenminister
   ☐ Finanzministerin/Finanzminister
   ☐ Innenministerin/Innenminister

Schleswig-Holstein ist ein Bundesland im Norden Deutschlands mit einer Fläche von 15.799 Quadratkilometern und einer Bevölkerung von etwa 2,9 Millionen Menschen. Die Hauptstadt von Schleswig-Holstein ist Kiel.

Geschichte: Schleswig-Holstein hat eine lange und wechselvolle Geschichte. Die Region war im Mittelalter Teil des dänischen Königreichs und später Teil des Herzogtums Schleswig und des Herzogtums Holstein. Im 19. Jahrhundert wurde die Region durch den Konflikt zwischen Dänemark und Preußen über die Souveränität von Schleswig und Holstein geprägt.

Kultur: Schleswig-Holstein hat eine reiche Kultur- und Kunstszene, einschließlich Theater, Musik, Literatur und Kunst. Die Stadt Lübeck ist bekannt für ihre Altstadt und ihr Marzipan. Kiel ist ein wichtiger Standort für Segelsport und hat eine lebhafte studentische Szene. In der Region gibt es viele historische Städte und Dörfer, darunter Flensburg und Schleswig.

Wirtschaft: Schleswig-Holstein hat eine vielfältige Wirtschaft, die von der Landwirtschaft bis hin zur Windenergieindustrie reicht. Die Region ist auch ein wichtiger Standort für den Schiffbau und die maritime Wirtschaft.

Politik: Das Land Schleswig-Holstein hat eine eigene Landesregierung und ein eigenes Parlament.

Sehenswürdigkeiten: Zu den bekanntesten Sehenswürdigkeiten in Schleswig-Holstein gehören die Altstadt von Lübeck, das Schloss Gottorf in Schleswig, der Nationalpark Schleswig-Holsteinisches Wattenmeer und das Holstentor in Lübeck. Es gibt auch viele historische Städte und Dörfer in der Region, darunter Eckernförde und Husum. Die Strände entlang der Ostseeküste sind auch beliebte Ziele für Sommerurlauber.

Frage Nr. 1
Welches Wappen gehört zum Bundesland Schleswig-Holstein?

Bild 1   Bild 2   Bild 3   Bild 4

- ☐ Bild 1
- ☐ Bild 2
- ☑ Bild 3
- ☐ Bild 4

Frage Nr. 2
Welches ist ein Landkreis in Schleswig-Holstein?

- ☐ Ammerland
- ☐ Mecklenburgische Seenplatte
- ☑ Nordfriesland
- ☐ Rhein-Sieg-Kreis

Frage Nr. 3
Für wie viele Jahre wird der Landtag in Schleswig-Holstein
gewählt?

- ☐ 3
- ☐ 4
- ☑ 5
- ☐ 6

Frage Nr. 4
Ab welchem Alter darf man in Schleswig-Holstein bei
Kommunalwahlen wählen?

- ☐ 14
- ☑ 16
- ☐ 18
- ☐ 20

Frage Nr. 5
Welche Farben hat die Landesflagge von Schleswig-Holstein?

☐ weiß-blau
☑ blau-weiß-rot
☐ weiß-rot
☐ grün-weiß-rot

Frage Nr. 6
Wo können Sie sich in Schleswig-Holstein über politische Themen informieren?
☐ bei der Verbraucherzentrale
☐ beim Ordnungsamt der Gemeinde
☑ beim / bei der Landesbeauftragten für politische Bildung
☐ bei den Kirchen

Frage Nr. 7
Die Landeshauptstadt von Schleswig-Holstein heißt …

☐ Husum.
☐ Flensburg.
☐ Lübeck.
☑ Kiel.

Frage Nr. 8
Welches Bundesland ist Schleswig-Holstein?

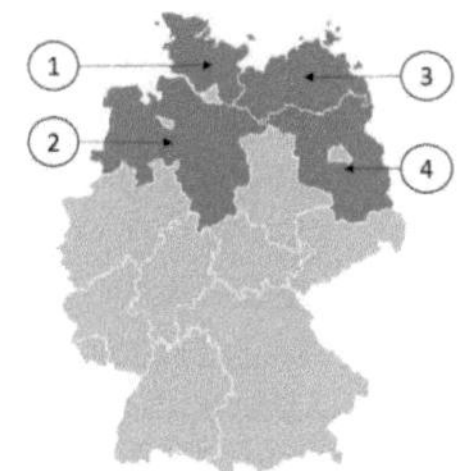

☑ 1
☐ 2
☐ 3
☐ 4

Frage Nr. 9
Wie nennt man die Regierungschefin/den Regierungschef in
Schleswig-Holstein?
    ☐ Erste Ministerin/Erster Minister
    ☐ Premierministerin/Premierminister
    ☐ Bürgermeisterin/Bürgermeister
    ☑ Ministerpräsidentin/Ministerpräsident

Frage Nr. 10
Welche Ministerin/welchen Minister hat Schleswig-Holstein nicht?

    ☐ Justizministerin/Justizminister
    ☑ Außenministerin/Außenminister
    ☐ Finanzministerin/Finanzminister
    ☐ Innenministerin/Innenminister

Thüringen ist ein Bundesland im Osten Deutschlands mit einer Fläche von 16.171 Quadratkilometern und einer Bevölkerung von etwa 2,1 Millionen Menschen. Die Hauptstadt von Thüringen ist Erfurt.

Geschichte: Thüringen hat eine lange Geschichte, die bis in die Antike zurückreicht. Im Mittelalter war Thüringen ein wichtiger Bestandteil des Heiligen Römischen Reiches und später Teil des Königreichs Preußen. In der Zeit des Nationalsozialismus war Thüringen Schauplatz einiger bedeutender Ereignisse, darunter die Reichspogromnacht und die Errichtung des KZ Buchenwald.

Kultur: Thüringen hat eine reiche Kultur- und Kunstszene, einschließlich Theater, Musik, Literatur und Kunst. Erfurt ist bekannt für seine Altstadt und seine Krämerbrücke. Weimar ist ein wichtiger Standort für Literatur und Kunst und war einst die Hauptstadt Deutschlands während der Weimarer Republik. In der Region gibt es viele historische Städte und Dörfer, darunter Eisenach und Jena.

Wirtschaft: Thüringen hat eine vielfältige Wirtschaft, die von der Automobilindustrie bis hin zur Mikroelektronik reicht. Die Region ist auch ein wichtiger Standort für die Produktion von Optik, Maschinenbau und erneuerbaren Energien.

Politik: Das Land Thüringen hat eine eigene Landesregierung und ein eigenes Parlament.

Sehenswürdigkeiten: Zu den bekanntesten Sehenswürdigkeiten in Thüringen gehören die Wartburg bei Eisenach, das Schloss Belvedere in Weimar, die Erfurter Altstadt und das Bauhaus-Museum in Weimar. Es gibt auch viele historische Städte und Dörfer in der Region, darunter Gotha und Meiningen. Der Thüringer Wald und der Nationalpark Hainich sind auch beliebte Ziele für Outdoor-Aktivitäten.

Frage Nr. 1
Welches Wappen gehört zum Freistaat Thüringen?

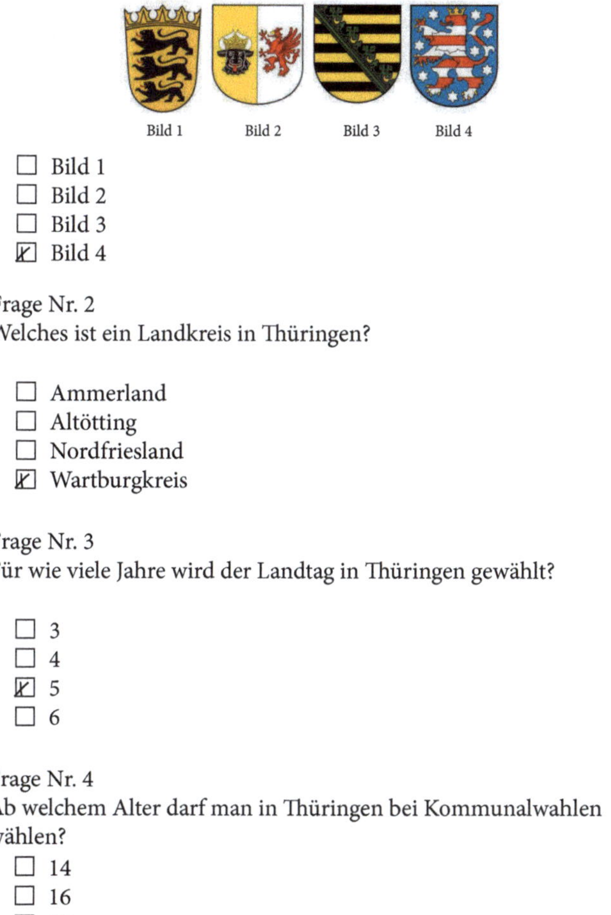

☐ Bild 1
☐ Bild 2
☐ Bild 3
☒ Bild 4

Frage Nr. 2
Welches ist ein Landkreis in Thüringen?

☐ Ammerland
☐ Altötting
☐ Nordfriesland
☒ Wartburgkreis

Frage Nr. 3
Für wie viele Jahre wird der Landtag in Thüringen gewählt?

☐ 3
☐ 4
☒ 5
☐ 6

Frage Nr. 4
Ab welchem Alter darf man in Thüringen bei Kommunalwahlen wählen?
☐ 14
☐ 16
☒ 18
☐ 20

Frage Nr. 5
Welche Farben hat die Landesflagge von Thüringen?

☐ blau-weiß-rot
☒ weiß-rot
☐ grün-weiß-rot
☐ schwarz-gold

Frage Nr. 6
Wo können Sie sich in Thüringen über politische Themen informieren?
☐ bei den Kirchen
☐ bei der Verbraucherzentrale
☒ bei der Landeszentrale für politische Bildung
☐ beim Ordnungsamt der Gemeinde

Frage Nr. 7
Die Landeshauptstadt von Thüringen heißt …

☐ Eisenach.
☒ Erfurt.
☐ Gera.
☐ Jena.

Frage Nr. 8
Welches Bundesland ist Thüringen?

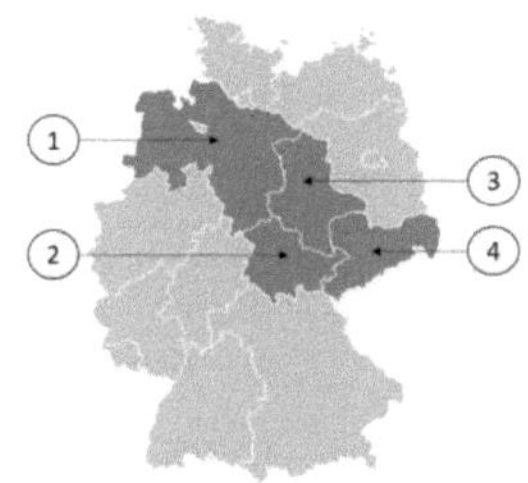

☐ 1
☒ 2
☐ 3
☐ 4

Frage Nr. 9
Wie nennt man die Regierungschefin/den Regierungschef in
Thüringen?

☐ Erste Ministerin/Erster Minister
☐ Premierministerin/Premierminister
☐ Bürgermeisterin/Bürgermeister
☒ Ministerpräsidentin/Ministerpräsident

Frage Nr. 10
Welche Ministerin/welchen Minister hat Thüringen nicht?

☐ Justizministerin/Justizminister
☒ Außenministerin/Außenminister
☐ Finanzministerin/Finanzminister
☐ Innenministerin/Innenminister